続 大東京のらりくらりバス遊覧

泉麻人

絵
なかむらるみ

東京新聞

続 大東京のらりくらりバス遊覧

泉麻人
絵 なかむらるみ

東京新聞

『大東京のらりくらりバス遊覧』の２冊目の本ができあがりました。目次を見てもらえればわかりますが、章の番号が〈25〉からになっているのは、既刊の前巻に24話までが収められているからであります（そちらもよろしく）。

さて、２０１６年の春から「東京新聞ほっとＷｅｂ」でスタートしたこのバス旅エッセー（月1更新）、続編の本書には２０１８年春から２０２０年の年頭にかけて取材したものが載っています。

まあ、言ってみれば、〝新型コロナウイルス騒動直前〟の頃までの話。いまどき読むと、「あー、のどかだなぁ、あの頃はのんびりしてたんだなぁ……」と思われるかもしれません。なかむら画伯のイラストにも、まだ、マスクをした人の姿はほとんど描かれていません（47話に〝自転車に乗るマスク姿のオジサン〟の絵が見られるがこれは工場街の煤煙対策でしょう）。

バスの車内、車窓の景色は随分変わりましたが、ここに紹介した路線バスはほぼ順調に運行されています。ちょっとハヤリの〝マイクロツーリズム〟の手引きに、読んでみてください。

25 前 都営バス／花小金井駅北口→青梅車庫

25 後 都営バス／青梅車庫→東京炭坑前

26 たまちゃんバス、川崎市営バス、東急バス／
下丸子駅入口→ガス橋二十一世紀桜、
平間銀座→古市場交番前、東芝前→川崎駅西口北

27 西東京バス／高尾駅北口→陣馬高原下

28 B-ぐる／江戸川橋駅→本駒込三丁目

29 京成バス／小岩駅→柴又帝釈天、栗山→小山

30 京急バス／三浦海岸駅→三崎口駅

31 関東バス／阿佐ケ谷駅→下石神井一丁目

32 神奈川中央交通／伊勢原駅北口→鳥居前、
大山ケーブル→石倉橋

33 北区Ｋバス／王子・駒込ルート、田端循環ルート

34 都営バス／新橋駅前→豊洲市場、
有明テニスの森→東京テレポート駅前→中央防波堤

続 大東京バス遊覧

路線案内

35 せたがやくるりん、小田急バス、関東バス／
祖師谷商店街西→つりがね池公園、
ゴルフ練習場前→千歳烏山駅南口、
千歳烏山駅→寺院通五番

36 台東区循環バス／東西めぐりん

37 関東鉄道、コミュニティバスかっぱ号／
牛久駅東口→牛久大仏→奥野中央、女化東→牛久駅東口

38 東急トランセ、東急バス／
渋谷駅→代官山Ｔサイト、けこぼ坂上→洗足駅

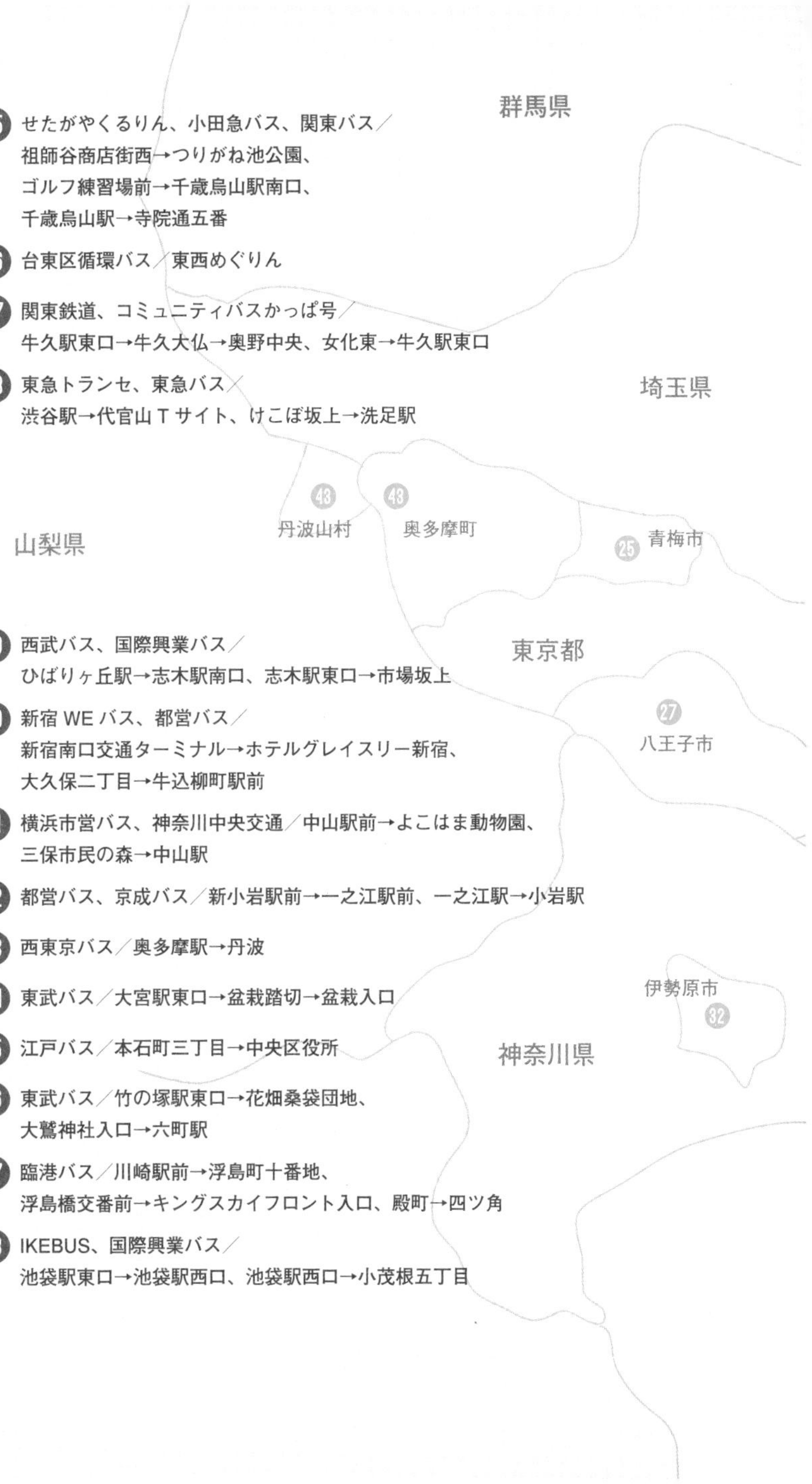

39 西武バス、国際興業バス／
ひばりヶ丘駅→志木駅南口、志木駅東口→市場坂上

40 新宿 WE バス、都営バス／
新宿南口交通ターミナル→ホテルグレイスリー新宿、
大久保二丁目→牛込柳町駅前

41 横浜市営バス、神奈川中央交通／中山駅前→よこはま動物園、
三保市民の森→中山駅

42 都営バス、京成バス／新小岩駅前→一之江駅前、一之江駅→小岩駅

43 西東京バス／奥多摩駅→丹波

44 東武バス／大宮駅東口→盆栽踏切→盆栽入口

45 江戸バス／本石町三丁目→中央区役所

46 東武バス／竹の塚駅東口→花畑桑袋団地、
大鷲神社入口→六町駅

47 臨港バス／川崎駅前→浮島町十番地、
浮島橋交番前→キングスカイフロント入口、殿町→四ツ角

48 IKEBUS、国際興業バス／
池袋駅東口→池袋駅西口、池袋駅西口→小茂根五丁目

㊫大東京のらりくらりバス遊覧

本書は2018年7月に発行された『大東京のらりくらりバス遊覧』の続編です。前作では24本のバス路線を紹介しており、今作ではそれに続き「25」からスタートしています。

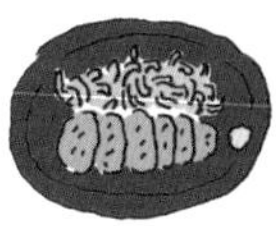

三角

フォー!!

盆栽踏切

本書は２０１８年３月～２０２０年２月にかけて「東京新聞ほっとWeb」で連載された「大東京のらりくらりバス遊覧」に加筆・修正し書籍化したものです。本書で紹介している取材先やデータなどは、取材時のものを掲載しておりますが、一部２０２１年１月までに変更が確認できたものに関しては、但し書きなどで補足しました。

バス停留所
マリリン・モンロウ　ドン・マレイ
契約車両専用
住江町パーキング
TEL 0428-22-780

25

武蔵野の長距離バスに乗って〈前編〉

都営バス

花小金井駅北口→青梅車庫

出発地点の花小金井駅北口。この近辺で都バスを見ると、一瞬おやっと思う。

いま運行している都バスの路線のなかで、おそらくもっとも長い距離を走るのが花小金井の駅前から青梅車庫まで行く〈梅70〉系統というやつだろう。これに乗って、いつものように途中下車などしながら散歩を楽しもうと思っているのだが、今回〝散歩愛好者のバイブル〟雑誌「散歩の達人」からコラボ話をもちかけられた。この連載の出張企画のようなものができないか？ というので、青梅に到着するまでを前編とし、後編では向こうの山間部を走る路線に乗って、そちらを「散歩の達人」誌の方に掲載しようということになった。

そんなわけで、ちょっと早目の朝8時20分、西武新宿線の花小金井駅北口に集合、8時25分発のバスに乗車した。ちなみにこのバス、長距離路線……と書いたけれど、以前はもっと都心寄りの阿佐ケ谷から出発していた（さらに手前の新宿から出ていた時期もあったかもしれない）。

短縮されたとはいえ、いまも淡々と青梅街道を西へ行くこのバス、乗ってまもなく渋滞にひっかかった。すぐ先に西武新宿線の踏

アイススケート場やBIG BOXが並ぶ東大和市駅前の西武的町並。

小平のあたりに来ると、こういう昔ながらの立派な蔵のある屋敷が見られるようになる。

切があるので、朝の通勤時は交通が滞るのだろう。さらにその先、多摩湖線、国分寺線と、西武線の踏切を三つも通過する。多摩湖線踏切脇の小さなマッチ箱みたいな青梅街道駅の横を過ぎると、ファミレスの合間に垣根や古めかしい蔵を置いた昔ながらの農家がぽつぽつと見えてくる。このあたりの小川町（小平市）は、江戸時代（1650年代）の玉川上水の敷設とともに新田開発された一帯で、街道沿いに農家の屋敷が並び、裏手に各家の農地が短冊型に広がっている。畑はひと頃より随分減ってしまったが、「中宿」とか「小川一番」なんてバス停の名を見ると、懐かしい武蔵野の田園風景が想像される。

スケートセンターとBIG BOXが建ち並ぶ、いかにも西武沿線らしい東大和市の駅前風景を横目に青梅街道を北上していくと、奈良橋の丁字路で狭山丘陵の南麓に突きあたる。蔵敷、芋窪……と、このあたりは右手の車窓にずっと多摩湖南岸の小山の景色が続いている。都バスの運賃もさすがにこの路線は距離変動式で、とうとう300円を超えた。

武蔵村山市中藤《なかとう》地区の「三ツ橋」のバス停で途中下車。すぐ横の信号の所を山側の道に入っていくことにしよう。〈入り運動広場〉なんて看板が広場の入り口に出ていたが、この「入《い》り」は入り口のことではなく、この辺の集落の名称なのだ。入り谷戸、みたいな地形に由来するものだろう。

新興住宅が途切れて、景色が寂しくなってきた。この道で合っているだろうか……スマホの地図で確かめながらも少々心もち不安になってきた頃、前方に小池（番太池《ばんた》）が、そして右脇の道の奥に〈赤坂トンネル〉と表示板を掲げた小さなトンネルが見えた。

トンネルのある狭い道は〈自転車道〉と添え書きされているが、人が歩くこともできる。赤坂トンネルをくぐった先は多摩湖南岸の山に突きあたって行きどまりになるが、反対方向にトンネルを設けた道が市街の方へ続いている。この道、最初から自転車道として造られたわけではない。昔の軽便鉄道の跡なのだ。

鉄道ファンの間では「羽村山口軽便鉄道」などと呼ばれているようだが、多摩湖（村山貯水池）と狭山湖（山口貯水池）の造成工事の際、多摩川の砂利運搬の目的で東京市水道局が敷設したもので、大正から昭和の初めにかけて使われた後、戦時中には廃止されてしまった。

この冬の寒さで凍りついた番太池の横をぬけて進んでいくと、やがて御岳トンネルというのが口を開けている。丸く掘られた狭い隧道《ずいどう》、一応灯りは点いているけれど、コレ、ひとりで歩くにはちょっと心細い。さすがに夜間はシャッターが降りて閉鎖されるようだが、日中でも向こうからコワモテの集団なんかがドカドカ歩いてきたら、息が詰まりそうだ。

御岳トンネルをぬけた先に赤堀トンネル、さらに横田トンネル（トンネル脇には人家もある）をくぐりぬけると広々とした都道55号（多摩大橋通りの先）の傍らに出る。

バスに
乗っていた
そっくりな
老夫婦

自転車道

多摩湖南方の丘下に自転車道のミステリアスなトンネルが続く。

自転車道はこの道を横断してさらに西方へ続いているが、そもそも軽便鉄道はいまの横田基地の一角を通って羽村の多摩川べりへと続いていたのだ。

なんとなく、『スタンド・バイ・ミー』の少年気分で謎めいたトンネル道を完走（といっても1キロ足らずだが）、先のバスが通る青梅街道の交差点までやってきた。「横田」というバス停（横田基地で知られる横田は従来このあたりの地名だった）があるけれど、そのすぐ横に〈村山大島紬〉の看板を掲げた、クラシックな洋館が建っている。門柱に「村山織物協同組合」の表札が出ているが、この地域は八王子と並ぶ織物の名産地だったのだ。

館内にちょっとした展示スペースがある。午前10時の開館を待って（開いていたので少し早く入れてもらった）、なかを見学する。

村山紬《つむぎ》、さらに村山紺絣《がすり》などの土地の織物が隆盛をきわめたのは明治から大正、せいぜい昭和の30年代初めにかけて。もちろんその

村山大島紬の歴史を伝える織物協同組合の展示ルーム。

発端は、八王子と同じく、周辺で絹の原材料ともいえる蚕が盛んに飼育されていたからだろう。展示されていた宣伝ポスターに女優の木暮実千代が起用されているものを見掛けたが、彼女が着物モデルを務めた頃が最後の盛りと思われる。

係の女性に尋ねたところ、いまも完全に廃れたわけではないが、織物をやっている家は市内（武蔵村山）で2軒ほどだという。帰り際、薄暗い売店に置かれた〝村山織の栞《しおり》〟を記念に買った。ちょうど携帯していた松本清張の古い文庫本に渋い絣の色合いがよくなじんでいる。

横田のバス停から再乗車、車窓に〈うどん〉の看板がちらほら見られるけれど、この辺は武蔵野うどんの地帯でもある。八高線の箱根ヶ崎の駅前商店街をぬけ、瑞穂町からいつしか青梅市の領域に入った。しばらく、大味なバイパス風景が続いていたが、東青梅の駅先で旧青梅街道に入ると、素朴なトタン看板を張り出した古い商店が増えてくる。西分《にしわけ》町のあたりからは、昭和30年代調の映画看板で装飾した青梅特有の町並が目につきはじめる。町歩きは後ほどゆっくりするとして、とりあえず終点の「青梅車庫」まで行ってしまおう。

青梅車庫があるのは森下町の熊野神社の脇。かつて陣屋が置かれた、青梅宿の西の端っこだ。背景に山を見せて黄緑色のバスが並ぶ景色は、まさに〝山間の都バス車庫〟って感じで珍しい。

ここから東方の中心街へと歩いていくと、丁字路のすぐ左手に青梅古建築の筆頭〈旧稲葉家住宅〉があり、右手の白壁塀を下った先には青梅の地名の源とされる老梅を植えた金剛寺があり、青梅駅の西側にもなかなか見るべきものはある。そろそろ腹も減ってきたので、「大正庵」という年季の入った佇まいのソバ屋で昼食をとることにした。当日は2月なかばの寒い日なので、ここは迷わず温かい汁物だ。西多摩の銘柄豚・東京X《エックス》を使った肉うどんをいただく。大正元年創業、と看板に記されたこの大正庵、建物はおそらく昭和中頃の建築だろうが、青梅のイメージにぴったりの〝正しいソバ屋〟という感じだ。

旧青梅街道沿いの中心地（西分町や住江町）は、地元の久保板観という看板画家が描いた昭和30年代調の映画看板で装飾されている。１９９０年代くらいに始まった

映画看板で装飾された住江町の町並（上）。
古商店がよく残る西分神社の入り口（下）。

山稜を背景に都バスがずらりと停車した青梅車庫。

都営バス
〈花小金井駅北口～青梅車庫〉

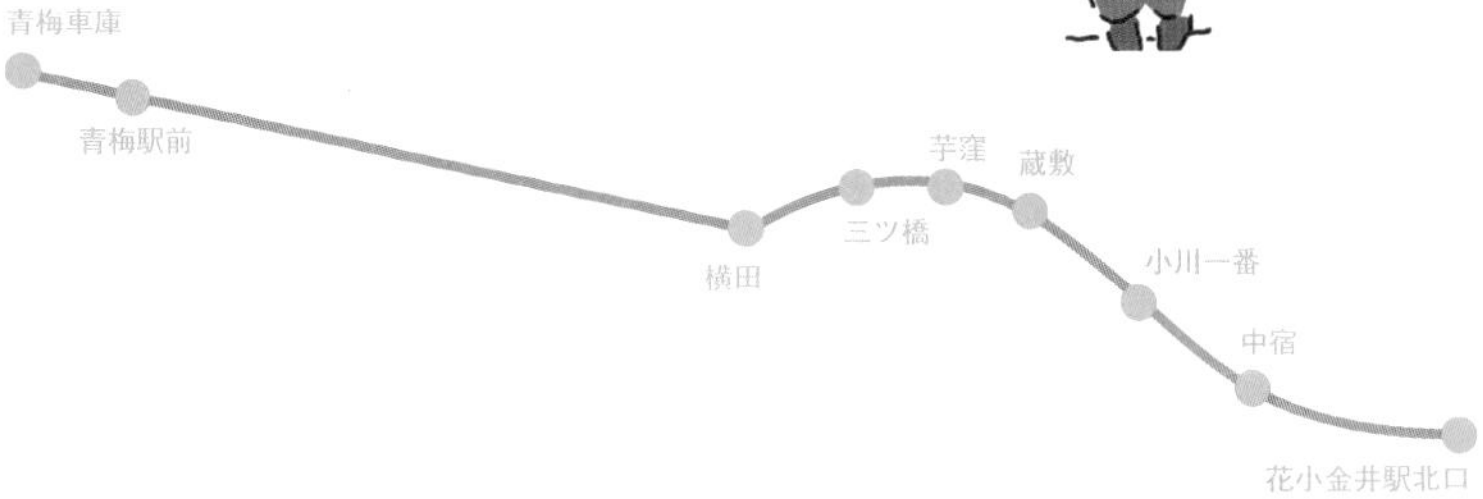

キャンペーンだから、レトロテーマの町おこしとしては早い方だ。映画看板もいいけれど、もっとグッとくるのは元からある古い商店看板で、とりわけ西分2丁目の神社の入り口の鳥居を挟んで、「岡埜製菓」という素朴なトタン看板の菓子屋と雪印乳業の牛乳販売店が並んでいるショットは、青梅に来るたびにカメラで狙ってしまう（しかし、両店とも閉店状態のようで心配だ）。

そう、この街道は商店筋の所々に裏山の神社の参道口の鳥居が置かれていて、それがまた町並に色を添えている。とくに、住吉神社の入口の景色は、鳥居とその脇に置かれた都バス停留所（住吉神社前）の待合小屋がいい。この小屋、シャレを効かせてマリリン・モンローの『バス停留所《ストップ》』の映画看板が掲示されている。

ここで北方の山間の方へ行くバスを待つことにしよう。

25

武蔵野の長距離バスに乗って〈後編〉

都営バス

青梅車庫→東京炭坑前

住吉神社前のバス停留所にはマリリン・モンローの『バス停留所』が……。

さて、ここからは〈梅74甲〉というのに乗車して、山の向こうの成木《なりき》方面をめざす。

住吉神社前の『バス停留所』の映画看板が張り出された待合小屋でバスを待っていたら、シフォンケーキを売る妙な荷車がやってきたのでハニココ（ハニーココア）味のを買って、12時30分発のバスに乗車した。マンデリン味のを買ったなかむら画伯や編集者らとチョビチョビ分けあいながらバスに揺られる。そう、花小金井からの路線と同じく、このバスも都バス。多摩西部といえば西東京バスのフィールドの印象が強いけれど、青梅はなぜか都バスのテリトリーなのである（市街を走りはじめたのは昭和20年代からで、歴史は古い）。

東青梅の駅周辺を巡回した後、「根ケ布《ねかぶ》」のバス停を過ぎる頃から山間の雰囲気になってくる。小曽木《おそぎ》の丘陵の周縁を右まわりで進んでいくこのバス（左まわりの便もある）は、新吹上トンネルをくぐって西側から成木の集落を進む。

バスは領土侵犯するように飯能市の側にちょびっと入り込んでから、再び青梅市に戻ってくる。この路線随一の観光スポット、「岩蔵温泉」で降車した。

ヤマトタケルが浸かった、との伝説もある古湯・岩蔵温泉郷、バス通りから枝分かれした道沿いに旅館が3軒ほどある。そのなかの「司翠館」は以前、1時間・700円くらいの日帰り入浴ができたので、ここで軽くひとっ風呂浴びてこう……というプランだった。取材の日は連休明けで、他の2軒は閉まっていたが、ここは玄関が開いている。ホッとしながら呼びかけたところ、「ごめんなさい、今日お休みにしちゃったんですよ」、仲居さんに返答された。

いたしかたない。バスで通り過ぎた「岩井堂」（小さな観音堂だが、実際バス停からかなり遠い）でも立ち寄っていこうか……と歩きはじめたとき、向こう側の工房のような所から「メェ〜」とヤギの鳴き声が聞こえてきた。ヤギの搾乳でもやっているのか？ 柵越しに覗いてみると、気の良さそうなおじいちゃんが2頭のヤギに何やら草花を与えている。

「菊の花が好きなんじゃよお」

若い従業員に伺ったところ、ここは草花を扱う卸屋のようで、ヤギはじいさん（この家の主人なのかベテラン職員なのか、定かではない）の単なる趣味なのだという。そして、商品のメインが榊《さかき》と聞いて、へーっと思った。ちょうど、地鎮祭に出荷する榊の梱包が行われていたが、これらの榊は、すぐ裏の山で採れるらしい。

小曽木街道を少し下った新岩蔵大橋の交差点近くに岩蔵住居跡というのがある。スマホのグーグルマップの表記を頼りに探したが、なかなか見つからない。畑の畦《あぜ》をウロウロしていたら、事情を悟った農家の人が場所を教えてくれた。崖の際の小さな窪地で、言われなければゴミ捨て場と見まごうような一角だったが、ここに縄文時代の住居が置かれていたという。

岩蔵温泉の南側の入り口には昔の火の見やぐらを使った看板がある。

岩蔵温泉街の通り。現在営業している宿は数軒ばかりだが……。

見落としそうな窪地が縄文住居の跡らしい。鉱泉も古くから利用されていたのかもしれない。

ヤマトタケル伝説の温泉に縄文時代の住居……さらにもう一つ、この地には炭鉱があった。昭和10年代から30年代前半まで、木質亜炭が採掘された「東京炭鉱」というのが存在していたらしい。

炭鉱が消えて60年近くになるというのに、新岩蔵大橋交差点の所のバス停にいまもその名を残している。都バスと西武バスの停留所が並んでいるが、よく見ると、西武は「東京炭鉱前」、都バスは片側の停留所と公式路線図の表記が「東京炭坑」（さらに「前」が付いたり、なかったり）で統一されていない。

そんなアバウトな名義も含めてミステリアスな「東京炭坑前」停留所から帰路の成木循環のバスに乗った。

都営バス

〈青梅車庫～東京炭坑前〉

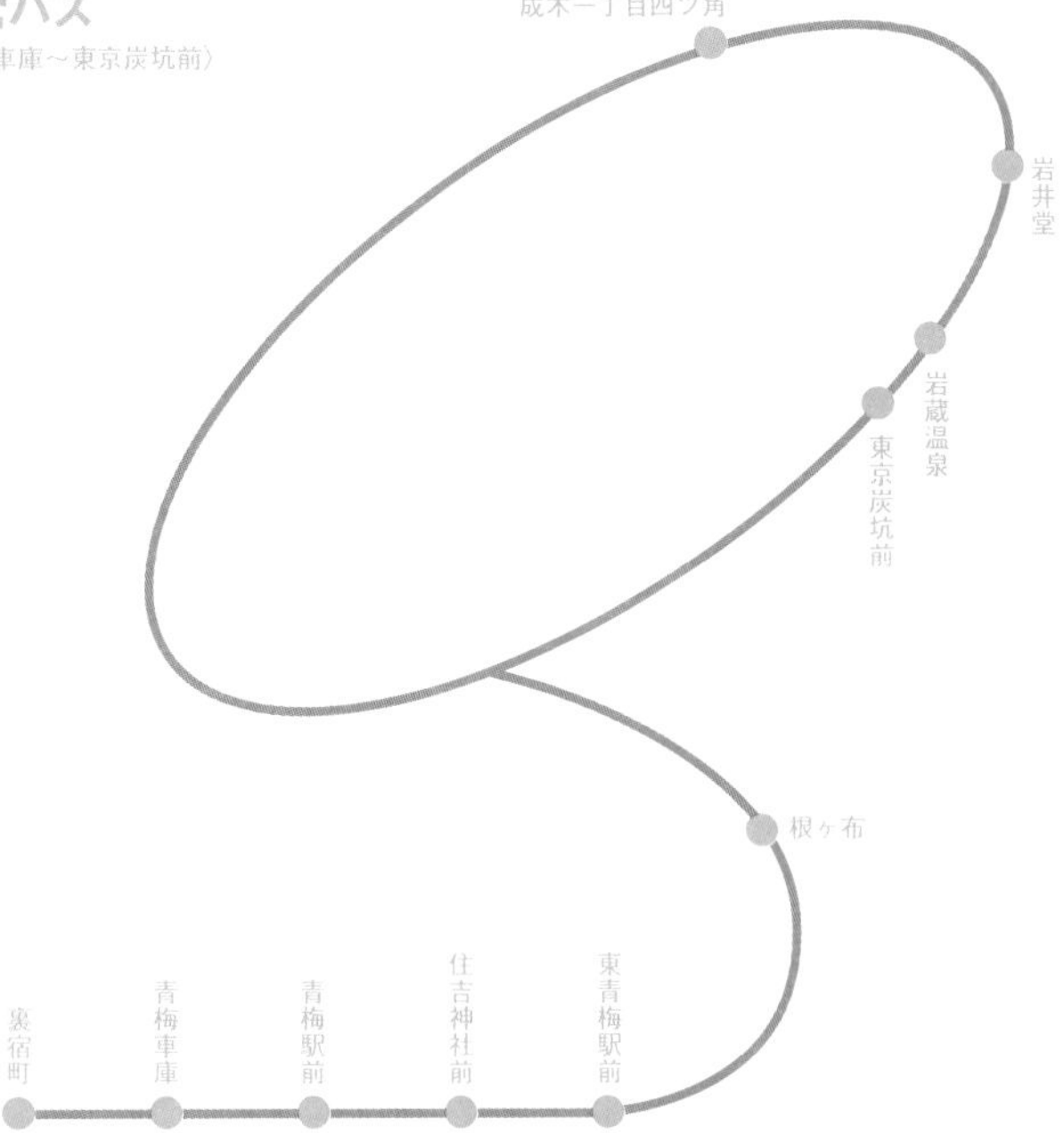

いまもその名が残る
「東京炭鉱（坑）前」。

26

ガス橋の向こうに何がある？

たまちゃんバス、川崎市営バス、東急バス

下丸子駅入口→ガス橋二十一世紀桜（たまちゃんバス）
平間銀座→古市場交番前（川崎市営バス）
東芝前→川崎駅西口北（東急バス）

これまでも東京周辺のコミュニティーバスに何度か乗っているけれど、大田区の多摩川べりを走る「たまちゃんバス」というのに一度乗ってみたいと思っていた。東急多摩川線の下丸子あたりから乗車するプランを立てて、地図を眺めていたら、近くの南久が原に「昭和のくらし博物館」というのがある。まず、ここを見学してから、バス旅を始めることにしよう。

"昭和20年代の家"が保存された南久が原の「昭和のくらし博物館」。

昭和のくらし博物館というのがある……なんて書き方をしたけれど、この施設、僕はもう二、三度訪ねたことがある。戦後の昭和26年（1951年）に住宅金融公庫の融資を受けて建設された一般民家を保存公開したもので、屋内に昭和時代の生活用具が展示されている。

木戸の向こうに小さな庭と縁側が見える2階建て日本家屋……僕が生まれ育った新宿・中落合の実家もほぼこういうスタイルだったので、ここを訪れるとなんとなくホッとする。屋内の展示物は時期によってテーマを変えて、多少チェンジされるようだが、取材に訪れた日は2階部屋の壁に何点か飾られていた、童謡のピクチャーレコードが懐かしかった。幼い頃のクリスマスによく聞いた、「もろびとこぞりて」のレコードがこういう盤全面にマリア様の絵を描いたもので、うっかり踏みつけてヒビを入れて

下丸子駅入口にやってきた「たまちゃんバス」。

博物館に展示された懐かしきコリントゲーム。

しまったときに、ひどく罪悪感をおぼえた記憶がある。

博物館になったこの家の周辺にも、割合古いお屋敷が残っている。藤森稲荷神社の脇の通称・ぬめり坂（ぬめって上りにくいことがよくあった……なんてベタな由来らしい）を下って、「下丸子駅入口」というバス停を探す。一旦駅前まで行ったが見あたらず、環八から脇道に入ったファミリーマートの裏手にようやく「たまちゃんバス」の小さな停留所を見つけた。

停留所にアザラシのキャラクターが描かれているが、そう、この名前の由来はひと頃世間を騒がせたアゴヒゲアザラシの「たまちゃん」なのだった。最初、多摩川丸子橋付近に出現したから「たま」と名付けられたわけだが、調べてみると２００２年の夏のことだから、いまどきの子供はほぼネタ元を知らないのだろう。

やってきたバスは銀色に赤帯の東急バスのデザインで、ボディーはもちろん、車内にもたまちゃんのキャラが所々に描かれている。このバスが循環する下丸子から矢口のあたりは、南北朝時代の新田義興《にったよしおき》ゆかりの地だが、武将の新田よりアザラシのたまちゃんの方がキャラ映えするということなのかもしれない。

桂川精螺
取材とは別の日に撮った「桂川精螺」鉄塔（いまはない）。

およそ30分に1本ペースのバスは、下丸子の駅横を通過して、キヤノンや白洋舎が並ぶ工場街へ進んでいく。ガス橋近くの停留所で降りるつもりなのだが、バスのコース風景を眺めたいので一巡することにした。物置のメーカーで知られる稲葉製作所（本社）の前を通りすぎて、左に折れたり、右に曲がったり、一度では絶対覚えられなさそうなコースを行く。バス停の名には採用されていないが、「矢口三丁目」停留所近くで車窓に垣間見える「桂川精螺《せいら》」という古風な鉄塔を建てた工場は、人気ドラマ「下町ロケット」で阿部寛が社長を務める佃製作所の外観モデルになっていた所だ（じっくり眺めて、写真など撮りたいところだが、降りてしまうと後の行程に響く）。

武蔵新田、下丸子と環八づたいに戻って、さっき一度通りがかった白洋舎の先の「ガス橋二十一世紀桜」の停留所で降車した。

高層マンション群の一角の停留所、ガス橋は少し先の多摩川に架かる橋だが、二十一世

絶妙なバランスで大量の空缶を運ぶおじさん
スタイルの良さがそっくりな親子

紀桜というのは手前の堤に植え込まれた桜のことらしい。しかし、ガス橋二十一世紀桜と合体されると、奇をてらったアニメのタイトルみたいな、妙なインパクトがある。

ところで、ガス橋の名前、近くに東京ガスの工場があった……とイメージしていたこともあったのだが、そうではなく、鶴見の方から都心に送るガスのパイプラインの橋だったことに由来するようだ。車道と人道中心の橋になったのは1960年のことらしいが、いまも橋の両側にガス管は設置されている。そして、いまどき上流側には武蔵小杉の高層ビル群がひと頃の新宿副都心のように屹立《きつりつ》している。

ガス橋の先に武蔵小杉のタワーマンション群。

一応、「アザラシはいないか?」川面に目をやりながらガス橋を渡る。たまちゃんの姿はなかったが、鵜《う》の木が近いせいか、鵜と思しき黒いスリムな鳥が水しぶきをあげて川底へ潜っていくのが見えた。

渡った向こう岸は川崎市の平間。南武線の駅前へ続く平間銀座の商店街をそぞろ歩く。道筋が湾曲した、旧道らしい雰囲気の箇所もあるけれど、さほど趣のある古店舗が残っているわけでもない。言ってみれば普通っぽい商店街。しかし、川を渡っただけで、東京の大田区とは違う地方都市的なムードが感じられる。横道に見つけた、普通っぽいとんかつ屋でランチを取って、平間銀座のバス停近くのコンビニ(ミニストップ)の窓際カウンターで100円のコーヒーを飲みつつバスの時間まで暇を潰す。ミニストップのコーヒーもなかなか捨てたもんじゃない。

やってきた〈川74〉の川崎市営バス（川崎駅西口北行き）に乗って、「古市場《ふるいちば》交番前」で降りた。すぐ先に、面白い形状の交差点があるのだ。その感じは上空から見下ろした写真や地図を見た方がわかりやすいのだが、街路がお寺の〝卍《まんじ》〟のような形にクロスしている。中心地のあたりは歩道を広くとった小広場風のつくりになっていて、どことなくヨーロッパの小都市のようだ。裸女のブロンズ像の向こうに可愛らしいバーバー（理髪店）が見える。

この交差点に古市場の表示が出ているから、町の中心と言っていいのだろうが、そもそもここは多摩川の対岸から来る矢口の渡《わたし》の船着場が置かれたことからできあがった町らしい。もっとも、明治や大正時代の地図を見ると、対岸の矢口の側に古市場の名の集落が描かれている。池上の方からずっと南下してくる古道が真ん中を通っているから、市場が設けられてもおかしくない。

古市場交差点の気になる裸女像。

弁天通りという道を右折すると、やがて左前方に東芝の広大な工場が見えてくる。昭和30年代後半、1960年代から長らく東芝の本社工場として機能した場所だ。

この弁天通り側の裏門の前で目にとまったのが、〈サザエさん〉という看板。赤や緑、青の

♪おさかなくわえた〜、ついつい口ずさみたくなる。

三原色を使った、まさに日曜夜のアニメ番組のタイトルをイメージさせるデザイン。スナック店のようだが、玄関口にこんな張り紙が出ていた。

「町内の集いの場になりました。営業はいたしておりません」

そうか……これはやはり東芝があの番組スポンサーを降りた（２０１８年３月降板）こととと関係しているのかもしれない。しかし、このスナックらしき店、開業している時期に来て、カラオケでサザエさんのテーマ曲を歌いたかったものだ。

実は今回のコース、最後にこの敷地内の東芝科学館で往年の家電製品の展示を眺めて昭和の博物館見学で締めくくろう……とプランしていたのだが、ここの科学館も２０１３年に閉館してしまったようだ。が、川崎駅西口のラゾーナ川崎の東芝ビル内にリニューアルされたミュージアムがあるというので行ってみることにしよう。

工場の正門前に置かれた「東芝前」停留所には川崎駅西口の行先を掲げたバスが頻繁にやってくる。多摩川の川岸近くの通りを南進して、終点で降りると、ロフトやビックカメラやシネコンが収容されたショッピングモールの一角に東芝のビルもある。そもそもこの駅西口一帯がほんのひと頃まで東芝の堀川町工場だったのだ。

「東芝未来科学館」と名付けられたミュージアム、以前より子供向けのサイエンスコーナーに重きが置かれたものの、僕らがめざすのは隅っこの〈ヒストリー〉のコーナーだ。

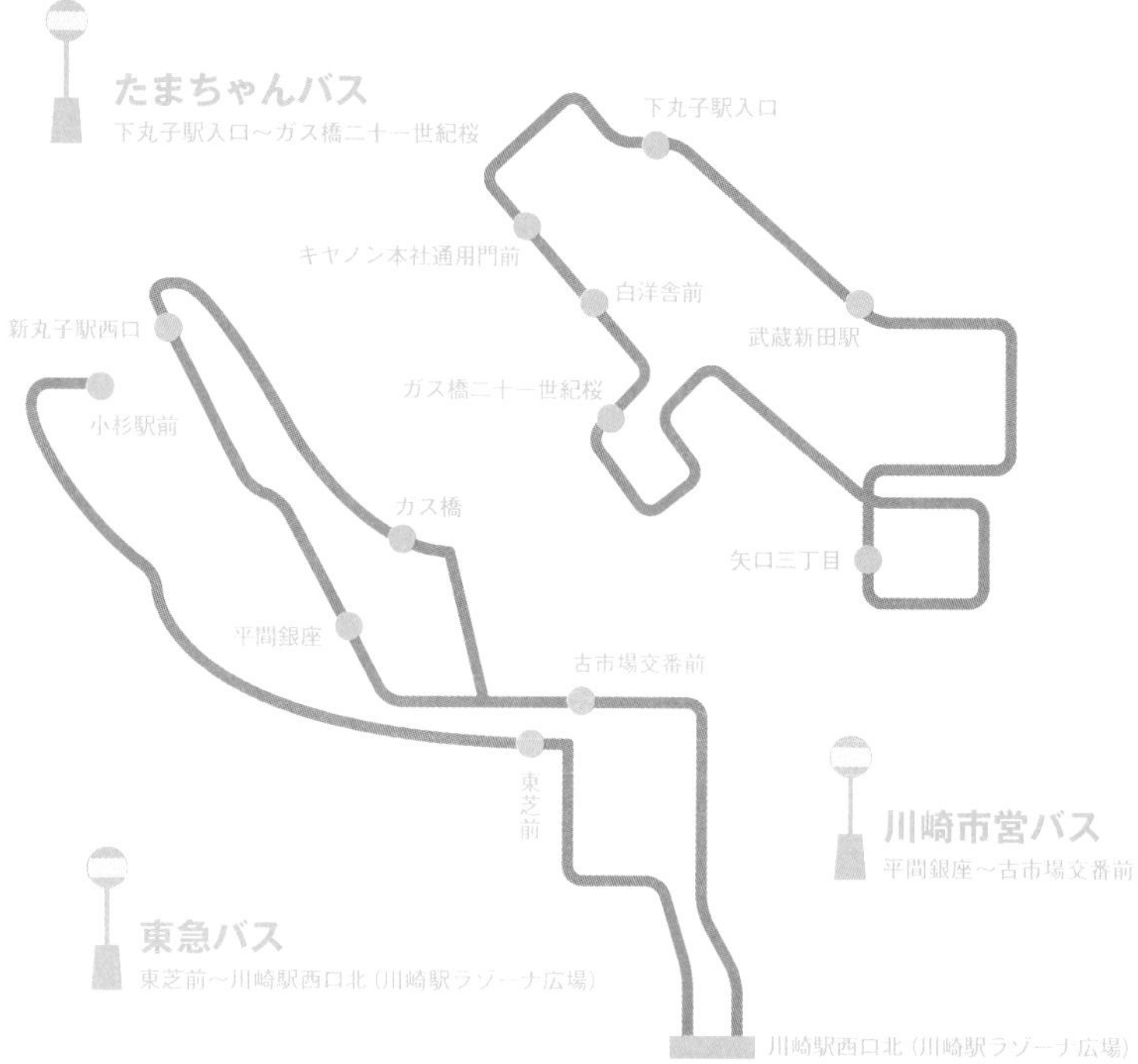

創業者の田中久重が考案した江戸時代のからくり人形や和時計に始まって、初期の洗濯機やテレビ、パソコン……昔の電化製品の展示というのは何度眺めても楽しい。

♪光る　光る　東芝〜

いまの会社の状況がどうあろうと昭和を生きてきた僕のような世代にとって、このメーカーは長嶋や大鵬、力道山と同じ高度成長時代のヒーローなのだ。

27

八王子　恩方の里の車人形

西東京バス

高尾駅北口→陣馬高原下

高尾駅前の陣馬高原下行きバス乗り場。この直前まで乗客の長い行列が生じていた。

高尾の駅前からは高尾山などの山方面へ向かうバス（西東京バス）が何本か出ているが、今回は「陣馬高原下」に行く路線に乗ってみたい。午前9時半、北口の乗り場へ行ってみると、9時34分発のバスはすでに登山姿の人々でいっぱいだった。平日なので、それほど混むこともないだろう……と思っていたのだが、当日はこの取材にしては珍しくスカッと晴れて、空気もカラッとした絶好のハイキング日和。パッと見たところ、高齢者のグループが目につく。バスの前でなかむら画伯と並んで撮影用の写真を撮っていると、70代見当の男性がスーっと近づいてきて、「ちょいとごめんよ」……。

僕らの間に割り込むようにして後方のバスへ駆け込んでいった。

ところで僕らは一気に終点（陣馬高原下）まで行くわけではないから、最初の目的地までは数分後に来る恩方営業所行きというのに乗ってもいい。空いたこちらのバスに乗車して、高尾街道を北進する。バスが進む高尾駅の北側の丘陵には広大な墓地が多い。まずは大正天皇や昭和天皇の墓所が置かれた武蔵陵墓地、中央自動車道をくぐった先には東京霊園、八王子霊園……そんな墓地の山を下った先の北浅川に架かる「川原宿大橋」の停留所で降車、ちょっと向こうの陣馬街道を左折すると、川原宿の名が付いたこの辺には古い家がぽつぽつと見られる。一つ裏手の道に入ると、車人形という伝統芸能を継承する瀬沼家がある。

車人形の操作を説明する５代目家元。人形の首の展示も面白い。

門に「西川古柳《こりゅう》」「瀬沼」と二つの表札が掲げられているが、前者は車人形の創始者の名でいまも芸名として引き継がれている。僕がその存在を知ったのは、昭和30年代に取材執筆された東京の案内本、『東京風土図』（産経新聞社会部・編／社会思想社・刊）の一文。

「川原宿には文化的にも芸術にも価値がある車人形の一座、瀬沼さんの家がある。約１４０年前の文政のころ、大阪の人形浄るり『文楽』に弟子入りしたことのある西川古柳という人が、西多摩の酒造家ではたらいているうちに、独特の箱車を発明し、その箱車に腰をかけ、人形を操ることを考えたのがはじめであるという……」

編集スタッフのTがアポ取りしてくれたこともあって、訪れるとすぐに御主人の瀬沼亨氏（５代目家元西川古柳）が舞台小屋や倉庫を案内してくださった。

初代の西川古柳は本名、山岸柳吉といい、この人に弟子入りした２代目（瀬沼時太郎）の時代から車人形はずっとこの地で継承されている。

「明治時代のことですが、当時多摩地区には車人形の一座が９座くらいあったって話で、そのくらい根づいていたんですよ」

人形は文楽で使うものとよく似ているが、台車の仕掛けが面白い。形

は高ゲタを模したもので、前に1輪、後に2輪、オート3輪のように計3輪の車が付いている。家元自らちょちょいと実演してみせてくれたが、手で人形の顔つきを操作しつつ、座った尻で台車を動かしながら器用に足先で人形の足に動作をつける。

「文楽が2、3人で一つの人形を操るところを、こちらはひとりでやってしまうんですよ」

下半身までよく動くこの車人形は、〝体育会系の文楽〟とでも申しましょうか。

倉庫にずらりと陳列された〝人形の顔（ガン首）〟も壮観だった。およそ200年前から受け継がれてきたという古いものから、最近のものまで含めて、檜や桐の木型をベースに白い胡《ご》粉《ふん》を塗り、膠《にかわ》を上塗りしてツヤを出していく——という工程はほぼ昔から変わらない。

「昔ながらの胡粉がいいのは湿り気に弱いところなんですよ」

「弱い」と伺って、一瞬おや？　と思ったが、湿気に弱い胡粉は濡れぞうきんで擦っただけでボロッと剥がれおちるので、汚れやキズの付いた人形の顔を修復するときに都合がいいらしい。

ところで、八王子の土地柄、この家もひと頃まで織物業を兼業していた（亨氏の母親が仕切っていた）という。するともしや人形の着物も自前？　ふと想像したが、車人形の衣装は古

行き先表示の横に注目。ケータイ充電 OK のマークが表示されている。

くから京都で作られているそうだ。

裏道を少し歩いて、陣馬街道の「松竹」の停留所でバスを待つ。松竹の2文字だとつい「ショウチク」と音読みしたくなるが、これは「マツタケ」が正解。南方の集落にある松嶽《まつたけ》稲荷神社というのが名の元らしいが、ベタに松や竹が目についた土地だったのかもしれない。

帽子にリュック姿のシニア女性の集団とともに乗ったバスは、「陣馬高原下」と行先を掲示したフロントの一角に〝電気コード〟のマークが付いていて、車内をよく見ると座席の傍らに携帯電話充電用のコンセントが備えられていた。観光地を走るバスのトレンドなのかもしれない。

一方、停留所は駒木野、黒沼田、狐塚、力石……と、のどかな山里らしい名前が続く。降車する「夕焼小焼」はあの童謡の作詞者、中村雨紅の生誕地にちなんだもので、素朴な墓所や歌碑が置かれている。

すぐそばを北浅川が流れるこの一帯は、レストランやスパを備えた自然公園風に整備されていて（「夕やけ小やけふれあいの里」）、まず僕の目にとまったのはボンネットバス。展示されているその西東京バスは、「いすゞ」のボンネット最後期の車種で、ひと頃まで「夕やけ小やけ号」の名を掲げて京王八王子の駅前から陣馬高原下まで休日に限って運行されていた。僕は1990年代の中頃に乗ったことがあるけれど、そのときは、昔風の制服を着た車掌さん（八王子の女子大生のバイトと聞いた）が乗り込んでいて、沿線の案内をしていたのを思い出す。ディーゼル規制の強化に伴って運行休止になってしまったが、床油の懐かしい匂いが漂う車内を見学することはできる。

園内のレストラン「いろりばた」で、そばや旬の野菜天ぷらをランチに味わって、ここから陣馬高原下まではバスのルートに沿って歩いていくことにしよう。

歩きはじめてまもなく、道の右側に立派な門構えの屋敷と古めかしい郵便局が並んでいた。この辺は関場という集落で「昔、関所があったんだよ」と、どこからともなく現れた地元のオジサンがウンチクを述べたてた。

いすゞボンネットバスの最終型BXD30。ひと頃まで「夕やけ小やけ号」として陣馬街道を走っていた。

しかし、とりわけ印象的なのは隣の木造洋館の上恩方郵便局の方。薄緑色の外壁と臙脂《えんじ》色の屋根の塗装もシャレている。

「この郵便局なんかも明治の建物でね……」

さっきのオジサンが言ったとき、いくらなんでも明治は古過ぎでしょ？　と思ったが、なかで聞いてみたらやはり昭和13年（１９３８年）の建築だった。しかし、昭和10年代のモダンな木造洋館の郵便局がいまだ現役というだけで素晴らしい。おもわずハガキを買って、記念の風景印（絵柄は夕焼小焼の歌碑と陣馬山頂上の馬のオブジェなど）を押してもらった。

陣馬高原下バス停前の渋いミヤゲ物屋。ふと旅情をかきたてられる。

上恩方郵便局にはステキな風景印が用意されている。

川井野の集落を過ぎたあたりから一段と山が迫ってきた。「キョキョキョ」「ホーホケキョ」とヒヨドリやウグイスの声がよく聞こえる。ランチの天ぷらにあったタラの芽らしきものが道端から手の届く木の枝先に付いていたので、なかむら画伯が絵の参考にとちぎりとった。匂いを嗅がせてもらったが、確かにタラの芽らしい苦い香りがする。

下案下《しもあんげ》のバス停を過ぎると、次は終点の陣馬高原下。南西方の陣馬山に至る高原への入り口で、登山客目当ての古いミヤゲ物屋や食堂が数軒集まっている。もはや廃屋化したミヤゲ物屋のトタン看板の品名に「こけし」と記されているが、いったいどんな感じのこけしを売っていたのだろう? また、こういう場所でこけしをミヤゲに買う人が昔はいた、ということなのだ。

このあたりは上案下の集落でもあり、観光客相手の店の先にも古い家が数軒見られる。道が枝分れする所にぽつんと置かれた昔の郵便ポストに向けて、老婦人が三脚を立てた本格的なカメラで写真を撮っているのが印象に残った。

バスは1時間に1本。帰路のバスまで時間の余裕があるので、店を開けているそば屋「陣馬そば」に入って暇を潰すことにした。もっとも、

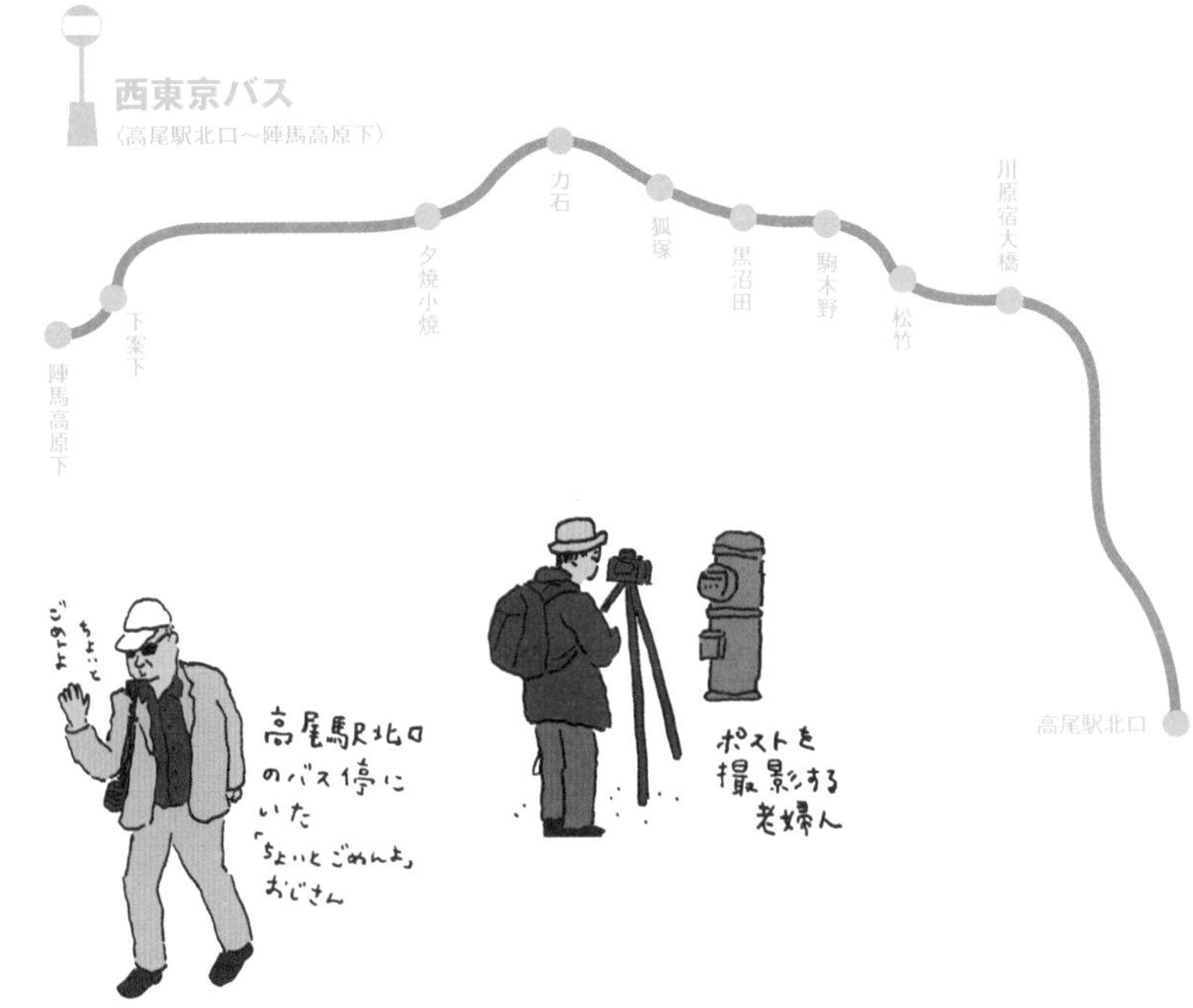

「夕やけ小やけ」の店でそばと天ぷらを食べてしまったから、もはや本格的に食べるわけにはいかない。品書きにあった「のらぼう」「たけのこ」「たらの芽」などの山菜の煮物や天ぷらを控え目にもらって、こうなると日は高いがビールが欲しくなってくる。生ビールの当てで格別だったのが、のらぼう。八王子周辺の畑で積極的に生産している青菜と聞いたが、薄揚げして軽く炒めたようなそれは、中華の豆苗やターサイ炒めに似た風味だった。

そう、道端でなかむら画伯が採集した枝葉、店主に見せたところ、

「こりゃタラの芽じゃありませんな」

あっさり言われた。

28

小日向、小石川の山谷名所巡り

B-ぐる

江戸川橋駅→本駒込三丁目

文京区内を循環する「B-ぐる（ビーグル）」というコミュニティーバスがある。これに乗って、坂や名所旧跡の多い文京区を漫遊したいと思っていた。どこから乗ってもいいのだが、江戸川橋から出発することにしよう。

有楽町線の駅を出て、表通り（目白通り）でバス停を探していたら、ちょっと横道に入った所にひっそりと立っていた。こないだ下丸子から乗った「たまちゃんバス」もそうだったが、こういう隠れた横道に停留所が置かれているのもコミュニティーバスの魅力の一つといえる。20分間隔のバスが行ってしまったばかりだったので、バス停の奥の方へと続く地蔵通り商店街を軽く散策する。〈横丁物語〉と記された宣伝旗を掲げた素朴な商店街、なんでもかつてオンエアされていた東京新聞のCM（塚地武雅の新聞記者）のロケ地にも使われていたらしい。

江戸川橋の裏通りにやってきた「B-ぐる」。

やってきたバスのボディーには、停留所と同じくマスコットの可愛らしいビーグル犬が描かれている。「B」が文京区を表すことはすぐにわかったが、そうか……文京区をぐるりと回る、ってことでB-ぐると命名したに違いない。キャラ映えするビーグル犬と語呂が重なっているのに気づいた発案者は、瞬間「やった！」と思ったことだろう。

バスは江戸川公園の先から目白新坂を上ってイチョウ並木の美しい目白通りを西へ進む。沿道には椿山荘や永青文庫、カテドラル教会……こ

音羽の台地に堂々と建つ鳩山会館。

の辺も名所が多いけれど、いちいち立ち寄っていては紙幅がもたないので先へ進もう。日本女子大を過ぎて不忍通りへと曲がり、護国寺から音羽通りを南下、大塚警察署の角からお茶の水女子大の方へ行く急な坂道を上っていく。

うん、いよいよ進路が面白くなってきた。坂上から跡見学園の裏道を通って小日向のお屋敷街に入った。大日坂を下る手前の「都営小日向二丁目アパート」のバス停で降車する。すぐ横の都営アパートの規模は大したことないけれど、この辺一帯は通称「久世山」と呼ばれる由緒ある邸宅地。江戸時代の老中・久世大和守の屋敷に由来する俗称らしいが、明治の前半に陸軍の病院が存在した後は昭和の初め頃まで、まさに〝山〟のような高台の空地だったことが古地図に表現されている。

この久世山の一角でとりわけ有名なお屋敷といえば、鳩山会館として一般公開されている旧鳩山一郎邸である。歩いていたら、裏門の前に出くわしたが、こちら側から入ることはできない。今宮神社の脇の坂を一旦麓の方へ下って、音羽通りの側から回り込むようにして鳩山会館へやってきた。

二つ三つと曲折した坂を上ってアプローチしていく感じは、都心の文京区とはいえ、まさに山上の御殿という感じである。取材当日はよく晴れた5月の中頃、庭園のバラが盛りというこ

ともあって、平日の午前中にしては人出が多い。これまで僕は二、三度訪ねているが、関東大震災後の大正13年（1924年）に建築されたというイングランド趣味の洋館は、政治家というより皇族や華族の館を思わせる。

鳩山一郎のものを中心にした一族の資料展示はともかく、2階の大広間の窓越しの眺望が目を見張る。バラの花園を設えた芝生の庭の一角に一郎や先代の和夫・春子夫妻の銅像が配置されている。もっともいまは木立の向こうに崖下のビル群が覗き見えているけれど、一郎が政界で権力を誇っていた時代は、向こう側に椿山荘側の山や神田川沿いの低地を見晴らす景色が広がっていたのだろう。

鳩山一郎のブロンズ像。ポケットに手を突っ込んでスカシている。

次のバス停へ向かって、再び小日向の坂際を歩く。毎回交通標識に目を向けているけれど、この界隈に多いのは、車の進路の先に×を記した〈この先行き止まり〉の看板。崖に行きあたって寸止まりになってしまうような、昔ながらの路地がよく残っているのだ。

大日坂下の先の停留所「文京総合福祉センター」から、さっきのバス

小日向界隈には急坂や袋小路を表す交通標識が多い。

に再乗車すると、すぐに左側の急峻な狭い坂を上っていく。車窓にちらりと道標が見えたこの坂は服部坂。最近までずっと服部半蔵由来と思い込んでいたのだが、どうやら服部権太夫という別人の屋敷が元ネタらしい。来るとき通りがかった跡見の先から春日通りに出たバスは、茗荷谷から播磨坂に入る。桜並木が続く共同印刷手前のこの通り、もう40年近く前の出版社の新人社員の時代、花見の場所取りをさせられたことを思い出す。風の強い日でゴザがわりの段ボール箱が飛ばされないように見張りをするのが大変だったのだ。

小石川の繁華街に入った「こんにゃくえんま」のバス停で降りて、その御本尊に立ち寄る。眼病を患った信心深い老婆に右眼を与えたえんま様が祀られている、という寺。寺名は源覚寺というが、眼病の癒えた老婆が感謝の意をこめて授けたコンニャクの効用伝説の方が有名になった。

「えんま通り」の表示が掲示された門前の商店街は最近になって高層ビルが増えたものの、いまも右読みの屋号を掲げた本屋や昔ながらのパン屋ががんばっている。平行する白

像の前に、どさっとコンニャクが供された「こんにゃくえんま」。

ベトナム料理屋さんにいたランチをする女性
そっくり!!
こんにゃくえんま付近のランチタイムのサラリーマン

山通りとの間に柳町仲通りという横丁があるけれど、旧称「柳町」と呼ばれた界隈は先の共同印刷の下請けなどをする小さな印刷屋や製本屋がひと昔前まで密集していた地域で、昭和初めの社会派小説「太陽のない街」（徳永直・作）の舞台にもなった。そう、ベストセラーになった「君たちはどう生きるか」（吉野源三郎・作）のオリジナル小説にも、確かこの辺の町の豆腐屋の少年が出てきた。

「この町は物が安い。高台の人々がオツにすまして高いものを買っていたのに対して、この町の人々は、安いものを求める……」なんて解説が以前にも引用した昭和30年代の東京案内書『東京風土図』に書かれているが、いまは白山通りのちょっと先に「クイーンズ伊勢丹」なんかもある。OLさんたちが集う、アジアンカフェ調のベトナム料理店で旨いフォーや生春巻きを味わって、「文化シヤッター前」（目の前に「文化シヤッター」の本社ビルがある）という停留所から、千駄木・駒込方面へ行くB-ぐるに乗車した。

　白山下から向丘、千駄木の方へ進んでいくこちらのルートにも見所は多い。台地から谷へ、谷からまた台地へという文京区らしい地形の移動も楽しめる。

富士神社の富士塚に立つ“加州”の碑。

ひっそり存在する駒込名主屋敷。

根津神社の横から不忍通り、団子坂下からちょっと内側に戻って、本郷図書館の角から千駄木小学校へ向かう一方通行の尾根道に入っていく。この沿道の旧安田楠雄邸庭園とファーブル昆虫館は当初見学地としてプランしていたのだが、惜しくもこの日は休館日。駒込病院の裏を通過して、「本駒込三丁目」でバスを降りた。

このバス停の横道の奥にある駒込名主屋敷は一見の価値がある。とくに入り口の薬医門は江戸の宝永年間築とされ、前庭の奥に建つ蔵付きの母屋とアトリエ風の洋館も歴史が感じられる。「まわりは戦災をうけたが、ここだけまぬがれた」と、先の『東京風土図』に書かれているので、戦災焼失区域が赤く塗られた『東京都35区区分地図帖』（昭和21年・日本地図株式会社刊の復刻版）で確認してみたら、なるほど、確かにこの周辺だけ白い。空襲の火の手を免れたのだ。

ほんの数百メートル行くと、由緒ある富士神社がある。本郷通りの都電の停留所に「上富士前」の名が付いていたほど、この〝お富士さん〟は知られていた。鳥居をくぐった正面に壁のように急勾配の石段が見えるけれど、その頂《いただき》に社殿がある。境内の一角に富士塚を築いた神社はよくあるけれど、ここはつまり富士塚そのものが神社の御神体なのだ。

山の斜面には他の富士塚にもあるように、富士講で訪れた人や集団の名を記した石碑が立っている。なかに「加州」と赤字で刻んだのがあって、上に鉱山のハンマー風のマークが入っているので、一瞬「カリフォルニアの日本人会の富士講」のような組織を想像したのだが、まるで違った。この「加州」は加賀藩を表すのだ。いまの本郷の東大の所に加賀前田藩の上屋敷が置かれる際、それ以前に祀られていた浅間神社をこちらに合祀した。その縁で前田藩の大名火消が奉納した碑なのだという。鉱山のハンマーに見えた印は火消の纏《まとい》、と思われる。

さて、この先には六義園《りくぎえん》という定番名所もあるけれど、今回のバス遊覧は駒込の富士登山でお開きとしよう。

29

矢切の渡しの向こう岸

京成バス

小岩駅→柴又帝釈天、栗山→小山

JR小岩駅の
栃錦の銅像
の前で旅の
パンフレットを
読むおじさん。
待ち合わせ？

昼どきに、
レバニラをつまみに
お酒をのむ
おばあさん。
強者っ!!

ＪＲ小岩駅にやってきた。改札を出た先には、地元出身の名横綱・栃錦の銅像があって待ち合わせする人の姿が見受けられる。「じゃ、栃錦のお尻の前で」なんて待ち合わせのやりとりがされているのだろうか……。そんな光景を横目に南口の方へ出ると、ロータリーに次から次へとバスが入ってくる。都バスも見られるが、この駅前で圧倒的に多いのは紺白カラーの京成バスだ。

集合時刻よりちょっと早く着いたので、ロータリー一角の「白鳥」という昭和の駅前喫茶らしい店で朝の珈琲を一杯。この店のちょうど真ん前の停留所から今回乗車する〈小55〉金町駅行きのバスは発車する。

小岩駅の南口からは、フラワーロードをはじめとして街路が放射状に延びているが、このバスは発車するとすぐ左手（南東側）のサンロードというアーケード商店街の道へ入っていく。ゆるやかに湾曲した狭い道に沿って、昔風の個人商店が続く町並がいい。交差する柴又街道を左折すると、後は一直線に北上していく。ＪＲとかなり離れた所にある京成小岩駅の前を過ぎ、まだ新開地の趣がある北総鉄道の新柴又の駅前を通って、車窓がにぎやかな感じになってきた「柴又帝釈天」でバスを降りた。右手に帝釈天参道が口を開けているが、まずは左手の駅の方へ

三河屋
酒場 春

柴又駅前の広場に立つ寅さん像。ポーズが鳩山一郎（P45）とちょっと似ている。

行ってみよう。およそ20年前、駅前広場に建立された、この寅さん（渥美清）像は実に姿が美しい。トレードマークのソフト帽の凹み、ポケットに手をいれて生じたズボンのシワやひるがえった背広の裾まで肌理《きめ》細かく表現されている。

そうそう、何年か前から妹のさくら（倍賞千恵子）も寅像の傍らにお目見えした。もう一つ、観光案内などではあまり語られないが、「おりつ地蔵尊」という悲しい伝説に由来する子育て地蔵もひっそりと祀られている。

さて、時刻は午前10時過ぎ。参道の商店も店開きする頃合いだ。久しぶりに草だんごを味わってやろうと、古くから知られる「とらや」に入った。寅さん映画『男はつらいよ』の初期作（1～4作）のロケに使われたというこの店、屋号「とら」はもともと「柴又屋」だったのを映画にあやかって改称したものというが、ガランとした空間に大机が配置された大衆食堂（墓地の石屋さんっぽくもある）ムードの店内は昔ながらの参道の店らしい。1皿6個の草だんごも午前10時台の腹具合にちょうど良かった。

だんごやせんべい、川魚（うなぎ）の飲食店が並ぶ参道は、や

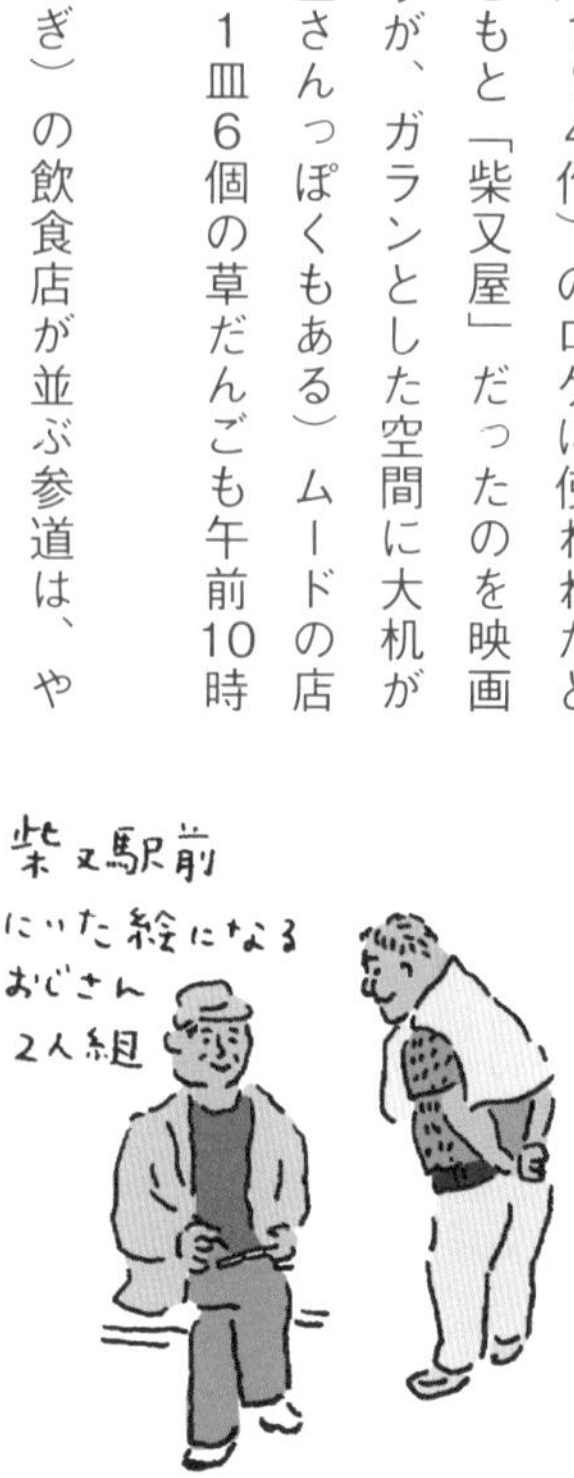
柴又駅前
にいた絵になる
おじさん
2人組

帝釈天参道の草だんご屋は「どこにしようか？」と迷うのも楽しい。

がて仏壇や欄間《らんま》を扱う店に移り変わって、帝釈天題経寺の山門に行きあたる。ここはもう何度も訪れているが、境内に入っていつも確認するのが「おみくじ」の装置。おみくじ自体に大して興味はないのだが、この境内にある獅子舞人形がクジ紙をくわえて動き回るマシンは可愛らしい。

寺の庭園（邃渓園《すいけいえん》）の脇をぬけて裏門を出ると、路地の奥に大正や昭和初期の日本屋敷を思わせる木造屋や蔵が見えてくる。いまは「山本亭」の表札が掲げられているが、浅草周辺でカメラ部品のメーカーを経営していた山本栄之助という人物の邸宅だった建物で、１９９０年代初めから一般公開されている。なかへ入っていくと、書院造の母屋ばかりでなく、奥の方には洋風建築が見受けられ、いかにも昔のモダンな工場経営主の屋敷らしい。

山本亭の敷地を通りぬけた向こうの江戸川堤際には、寅さん記念館（山田洋次ミュージアムも収容）が建っている。館内には、主舞台の食堂「くるまや」とその裏方のタコ社長（太宰久雄演じる）率いる町工場「朝日印刷所」のセットが組まれ、寅さんが旅した町を表示した日本地図、歴代マドンナ女優（浅丘ルリ子の出演数が群をぬいている）のポスターなどが飾られている。『男はつらいよ』――僕が中学生になった年（１９６９年）

に始まった松竹映画（原点は前年にフジテレビで放送されたドラマ）だったが、当初主人公の寅さんがこういう一つの土地の名士になるなんて予想した人はいなかっただろう。

帝釈天裏の江戸川岸には、寅さんよりずっと古い時代からの名物がある。矢切の渡し（舟）だ。広く知れ渡ったのは細川たかしの曲がハヤった80年代以降だろうが、始まりは江戸時代初期とされる。浅草の水上バスのような乗り場を想像される方も多いかと思われるが、これがうっかり見落としそうなほど地味なのだ。

河川敷の草むらをスマホのグーグルマップで確認しつつ歩いていくと、岸辺に植わった夾竹《きょうちく》桃《とう》らしき木のたもとにひっそりと「矢切の渡し」の看板が見えた。しかし、そのあたりに人気《ひとけ》もなければ舟も見えない。本日は薄曇りだが、東京は朝方までけっこう雨が降っていたから、もしや増水で運航中止……なんてことになっているのかもしれない。若干不安な心もちで水際に近づいていくと、われわれの姿を見つけたのか、向こう岸から小さな舟（ボート）がこちらへ進んできた。

「乗られますか？」

「僕ら３人だけでも？　これ、矢切の渡しですよね？」

「ええ」

舟に乗っているのは木訥《ぼくとつ》な感じの青年で、ちぐはぐなやりとりが続いた。

以前乗舟したとき、矢切の渡しは対岸の杉浦という家の親子２人でやっていると伺った。そうだ、彼は15年くらい前に乗ったとき、高校生だった息子さんの方に違いない。

川岸にただ板切れを並べたような素朴な桟橋から舟に乗り込む。舟首に小さなモーターも付いているようだが、男は長い櫓《ろ》を器用に操って舟を動かしていく。川面の先に常磐線の鉄橋や金町あたりの高層ビルも垣間見えるが、草深い川岸をぼんやり眺めているとなんだかラオスぁたりでメコン川のクルーズをしているような錯覚をおぼえる。

「この辺、どんな魚がいるの?」

矢切の渡しの船着場（矢切側）。メコン川あたりを思わせる。

「レンギョにソウギョ、ボラなんか夕方になると舟に飛び込んでくることがある……」

「ところでオヤジさんは?」

「向こう岸の売店で店番してますよ、舟漕ぎと店、交替でやってます」

当初、不機嫌そうに見えた男はぶっきらぼうながら案外よく喋る。矢切側の岸が近づいてきた頃、「あ、キジが鳴いた」と小さな声で言った。

矢切側の乗り場には4、5人の御婦人グループがいて、ぬかるみの足もとを気にしながら僕らと入れ替わるように舟に乗っていった。

すぐ先のヤブの傍らにまさにメコン川の岸の露店みたいな売店があって、マスコットの甲斐犬とともに数人の男たちが溜まっていた。

堤の階段を上ろうとしたとき、さっき船頭の青年が言ったとおり、一羽のキジがすーっと前方を横切って斜面の草むらのなかへ消えた。堤上の通りから向こうを見渡すと、こちら矢切の側は一面の田園地帯だ。先ほどキジを見掛けたと思ったら、田んぼの水溜まりにはシラサギや灰青色のアオサギがいる。畦道の所に出た〈野菊のこみち〉の掲示板をたよりに進んでいくと、国府台の方へと続く江戸川東岸の崖線の一角にある西蓮寺の境内に「野菊の墓文学碑」が置かれていた。

伊藤左千夫の小説「野菊の墓」は明治時代後期のこのあたりが舞台になっている（矢切の渡しがラストシーンに使われる）。丘の上から江戸川や利根川まで見渡す描写が碑に刻まれていたが、利根川はともかく、

矢切台地の一角に栗山の配水塔が見えてきた。野方配水塔と同型の昭和初期のモデル。

向かいの公園から江戸川の方の田園地帯を見渡す眺望はいまも素晴らしい。

さて、この矢切の崖線地帯、西蓮寺脇の道をもう少し南下した所に美しい水道タンクがある。栗山浄水場の配水塔——昭和12年（1937年）に竣工したドーム型コンクリート建築の塔は、僕の生家から近い中野区江古田の野方配水塔とほぼ同じ姿をしているが、こちら栗山の塔はドーム屋根や側壁の一部がパステルトーンの薄いグリーンに塗装されているのがシャレている。

どことなくSF映画のミステリアスな施設をも想像させる配水塔を金網越しにカメラに収め（いまも水道施設として機能しているので間近まで行くことはできない）、「栗山」の停留所

京成バス
〈小岩駅～柴又帝釈天、栗山～小山〉

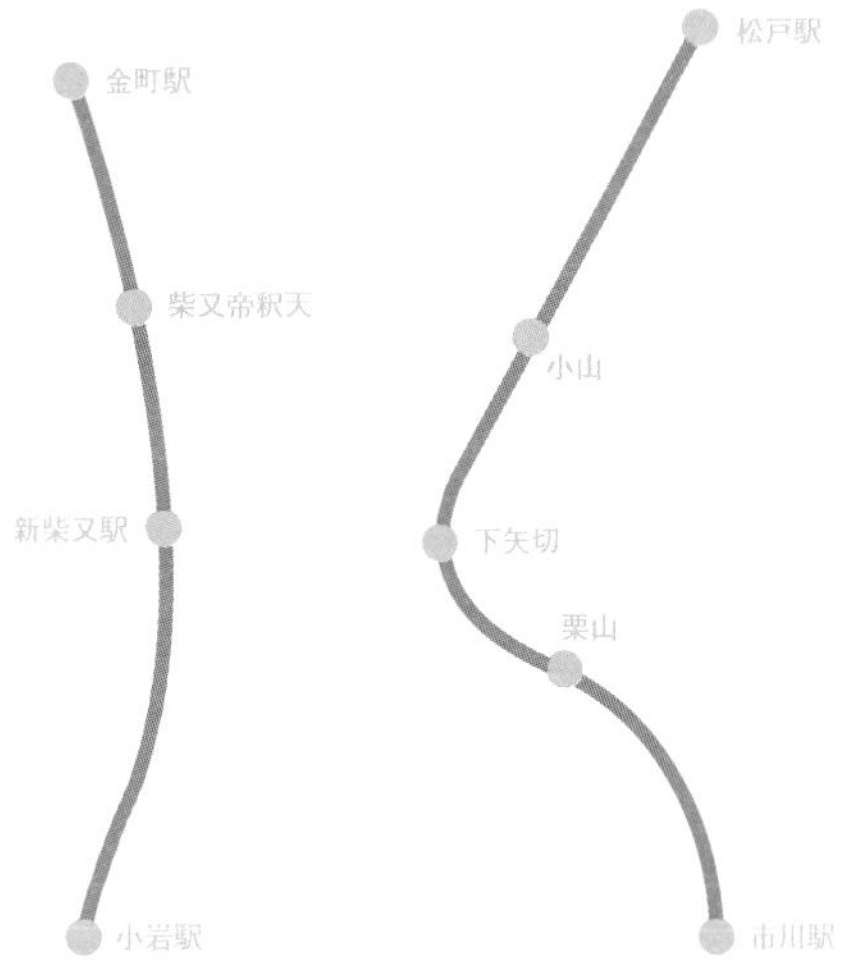

から松戸駅行きの京成バスに乗る。市川と松戸を結ぶバスが走るこの道は松戸街道。北総鉄道の矢切駅ができたり、外環道のインターチェンジが整備されたりで、沿道にはファミレスやドライブイン型の店が目につくようになったが、常磐線の陸橋を越えるとバスは旧道じみた横道に入っていく。

小山バス停で降りると、道端に「松戸宿」と記した提灯がその先の角町の方に向かってぽつりぽつりと掲げられている。以前このバス遊覧で訪ねた行徳街道（前巻・22話）ほど古い町並が続いているわけではないけれど、所々に熟年散歩者好みの古建築が残されている。

角町の渋い佇まいの道具屋のガラス戸に張り出された〈ベンチャーズ来日公演〉のポスター（昔のではなく、2018年夏の公演！）がなんともいい味を醸し出していた。

30

三浦半島　剱崎から三崎港へ

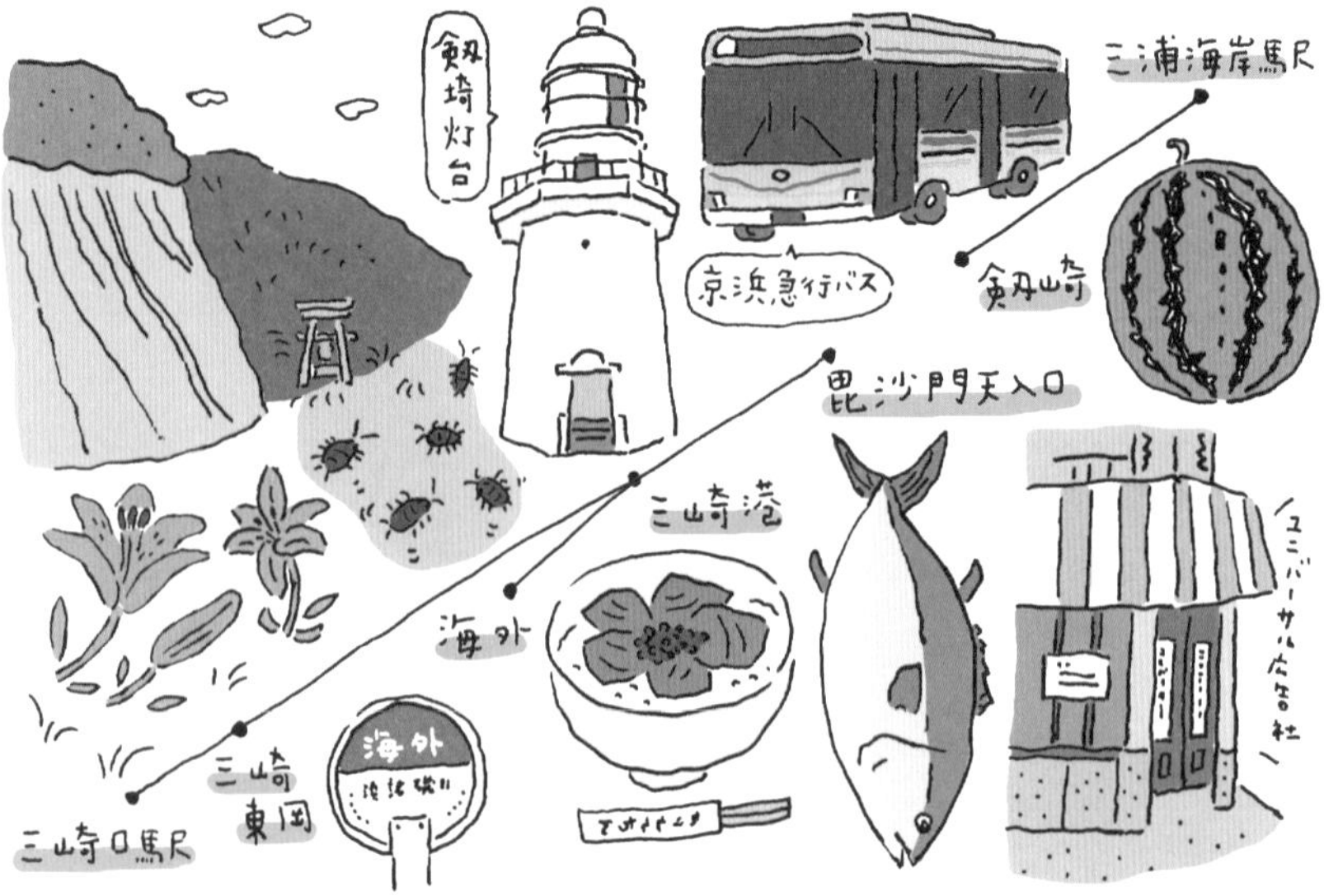

京急バス

三浦海岸駅→三崎口駅

三浦海岸駅そばに70年代的名喫茶、「ぽえむ」を発見！

三浦半島のバスは、２年前の夏に逗子から葉山あたりの路線に乗った（前巻・７話）。今回は半島の東の方を訪ねてみようと京急の三浦海岸駅までやってきた。ここからは剱崎や江奈、といった半島南端の鉄道空白地帯へ行くバスが出ている。

　前回と同じく、集合時間よりも少し早く着いたので珈琲でも飲もうと喫茶店を探すと、「ぽえむ」という店があった。懐かしい……。看板のロゴから察してひと頃まで東京でよく見掛けたチェーン系の喫茶店に違いない。高円寺に１軒あるけれど都心から退去したこういう店が地方都市でしぶとくがんばっているケースはけっこうあるものだ。そして、これまた前回と同じく店内でスタッフのＴと顔を合わせた。愛煙家の彼は、タバコを一服するために灰皿のありそうな渋めの喫茶店を探し歩いているようだ。

　剱崎行きの京急バス（遠方の三崎東岡行きでも可）に乗車。取材当日は梅雨が早く明けた７月の中頃だが、平日の10時過ぎということもあってか、海水浴客で混み合っていることもない。駅前商店街をぬけてまもなくバスは海岸べりの道に出たが、車窓越しのビーチに水着の若者の姿はほとんど見受けられない。ウィークデーとはいえ、やはり噂のとおり、最近の若者は海で泳がなくなったのかもしれない。

三浦海岸の砂浜エリアを過ぎると、〈○○丸〉なんて釣舟屋の看板が目につく漁港じみた景色になって、「鋒」と書いて「トガリ」と読む、古地名らしいバス停があった。その先から右手の山間へ入っていって、小高い畑地のなかの終点「剱崎」に到着した。「ケンザキ」と読む人もいるが、これは「ツルギザキ」が正解。

僕がこの辺に初めて来たのは１９８０年代初頭、勤めていたテレビ情報誌編集部の新人社員の頃だ。夏の休みに上司たちが民宿を借りて遊んでいる……というので、御機嫌伺い気分で顔を出したのだが、酒豪の男の指揮のもと、日中からヘビーな酒盛りをやっていて、ウソの用を作ってすぐに引きあげた。剱崎という印象的なバス停の名が記憶に残っている。

バス停・剱崎。ちょっと難しい字を書く。

釣舟民宿らしき看板がぽつぽつ見える集落の先は広大な畑で、道端に小さなスイカの実が確認できる。海の方へ向かうくねくね道を歩いて、まずめざすのは灯台。７月の炎天下、夏の序盤のセミ・ニイニイゼミの金属質の鳴き声が「ニーニチーー」と周囲の林から湧き出すように漂ってくる。しかしこの剱埼灯台（こちらはツルギサキ）、三浦半島はおろか、東京湾の口に置かれた重要な灯台のはずだが、案内板一つ出ていない。時折前方に姿を現す灯台本体とグーグルマップの指示をたよりに目的地までやってきた。

白い、円筒型の……まさに灯台のお手本的な格好をした灯台である。いまの灯台は関東大震災による倒壊後に新築された２代目というが、初代の竣工は明治４年（１８７１年）、その５年前の幕末・慶応２年（１８６６年）にイギリス、アメリカ、フランス、オランダとの間に結んだ江戸条約に基づいて設置が決まった灯台の一つなのだ。

由緒正しき剱埼灯台、ここに来るときの道すがら気になっていたのだが、灯台のすぐ手前に建設された鉄骨組みの電波塔がどうにも目に障る。無線の電波塔らしいが、どうにかならなかったものなのだろうか。観光都市として映画ロケ地の招致などに積極的な三浦市にしては、ちょっと惜しい物件である。

灯台の内部に入ることはできないが、すぐ向こうの崖際からは東京湾が見渡せて、灯台の望楼からの景色を想像することができる。崖下には平ったい岩礁が広がっていて、傍らの道から下りていける。岩場に足を踏み入れた途端、無数のフナムシがまさにクモの子を散らすようにゾロゾロと移動していっ

剱埼灯台。手前の電波塔が出しゃばっている。

灯台から
引き返す
ときにすれちがった
男性。
釣り人？
←裸足！

江奈の市場にはスイカがゴロゴロ。この辺は海産物も果物も充実している。

た。

と、気味のわるい描写を入れ込んでしまったけれど、こういう光景も三浦半島の岩磯らしい。そして、この岩磯の隅の草むらに素朴な木組みの鳥居を置いた、なかなか味わい深い祠《ほこら》があった。おそらく、波除けを祈願するものだろう。謂《いわ》れひとつ掲げられていなかったが、グーグルマップには「竜宮祠」と表示されていた。なるほど……それにしてもグーグルはこういうネタ、どこで仕入れてくるのだろう？

この岩礁づたいに江奈湾の方まで歩けるようだが、2キロ近い岩場の行路はきびしそうなので元のバス道へと戻る。湾曲する坂道を下っていくと向こうに江奈湾が覗き見えてきた。バス停にもある海岸の名は松輪海岸。マツワ……と声に出すと、僕の世代は80年代にヒットしたあみんの曲が思い浮かぶ。サバの産地で知られたところで、前に来たときミヤゲ物館みたいな所でウマいサバの一夜干しを買ったはずだが、あれはどの辺だったか？　見あたらない。魚の店は見つからなかったが、江奈のバス停近くに大きなスイカをゴロゴロ並べ売りする果物や野菜の直売店があった。ここは夏のスイカにメロン、ナス、トウモロコシ、冬はダイコン、キャベツ、港の魚介類……とにかく海のものも山のものも充実している土地なのだ。

江奈湾の西の端のあたりは干潟と水草の繁る湿地が広がっている。バスの時間に合わせるように再び山道を上っていくと、次のバス停は「毘沙門天入口」。もう毘沙門天本体までは行かないけれど、このバス停は道が挟まる古集落の入り口に、実にいい感じで立っている。こういうのどかな田舎のバス停の雰囲気が残る場所は三浦半島の一帯でも稀少になってきている。

三崎東岡行きのバスに乗って宮川町まで来ると、視界が開けた先に三浦市の市街地が垣間見える。城ヶ島大橋の下をくぐって、三崎港まわりの町の領域に入った。椿の御所、北条……この辺は鎌倉幕府ゆかりの地名を使ったバス停が多い（このバスは通らないが、頼朝が放った矢に由来する「通り矢」なんてバス停もある）。

港町の中心地「三崎港」のバス停で降車、目当ての昼飯を味わうことにしよう。バス停のすぐ向こうに見える「咲乃家」は、昔から知られるマグロ料理の名店で、僕は先代がやっていた「天咲」の時代に何度か来たおぼえがある。初めて食べたマグロのカマのステーキやわかめのシャブシャブの味はいまも忘れられないが、残念ながら本日はシャッターを閉めている。もう一軒、80年代の頃に地元の人によく連れてきてもらった「ちりとてちん」という店に入ることにした。

ここは、アオリイカの刺身をカワハギの肝であえて食べるネタが格別だったのだが、ランチタイムのメニューには見あたらない。暑い日だったのでガマンしきれず生ビールを1杯、マグロの腹皮をプルコギ風に味

三崎港の商店街の辻に建つ古ビル。ドラマでよく見掛ける物件だ。

付けした肴に始まって、マグロを中心にした丼モノ各種で腹を満たした。

さて、この三崎港、食べ物だけで満足してはもったいない。港町らしい古い建物がなかなかよく保存されているのだ。戦前の右読み屋号の看板を掲げた船具や漁具の店、昭和30年代からそのまま時が止まったような婦人洋品店、家具屋……そんな町並をうまく舞台に使った沢村一樹主演のドラマ「ユニバーサル広告社」の建物も、ドラマ上の看板を掲げたまま存在していた（僕はけっこう観ていたので懐かしい！）。

神社へ向かう参道の辻に「喫茶トエム」というレトロモダン調の店を発見、涼をとるべく入ってみると、マジンガーZをはじめとする超合金センスのフィギュアなどで装飾された店内のムードからして、僕より少し若い世代の人が古い建物を再利用して立ち上げた店だろう。ちなみに「トエム」の店名は、横須賀で漁師を営んでいた店主の御先祖・赤穂戸衛門（トエモン）の名にあやかったものらしい。しかし、初っ端に「ぽえむ」に入って、ここでまた「トエム」とは、何かの縁かもしれない。

そう、ここでいただいた珈琲寒天、ちゃんとした寒天を使った珈琲ゼリーで、シロップも含めてとてもおいしかった。

帰路の京急・三崎口駅まではバスが頻繁に出ている。珈琲寒天など味わって時間を潰してい

たのは、もう1本バスに乗って寄り道したいポイントがあったからだ。三崎港から北西の海際、油壺の手前の浜諸磯《はまもろいそ》行きのバスに乗ると、4つ目に「海外」というバス停がある。京急バスの停留所には丁寧にふりがなが付けられて、これ「カイト」と読むのだが、まぁ細かいことはいいだろう。最後にここへ立ち寄って、「この夏、海外に行ってきました」というオチにしたかったのである。

「海外」に行ってきました。

31

網を持って、いざ石神井へ

関東バス

阿佐ケ谷駅→下石神井一丁目

阿佐ケ谷の駅前からは何本もの路線バスが出ている。都心の渋谷の方へ行くのもあるけれど、主に西北の郊外へ向かうバスが多い。今回乗るのは北口から出る石神井公園駅行き（関東バス・西武バス）。取材当日は8月のお盆期間、午前10時1分発のバスは空いているかと思ったら、発車前から列ができていて、ほぼ満席になった。この辺は南北をつなぐ鉄道がないので路線バスの黄金地帯なのだ。

けやき並木の美しい中杉通りを北進したバスは早稲田通りを左折して、「大鳥前」という昔風の名前のバス停の先で右手の旧早稲田通りの方へ入っていく。銀杏《イチヨウ》稲荷の横を通過して、下井草の駅前へ。少し手前の「下井草郵便局」のバス停で降りて、駅前商店街をちょっと散策してみることにしよう。

この通り、少年時代からバスで何度も通りがかっているけれど、パッと見の風景は半世紀前の当時とあまり変わっていない。踏切のある狭いバス通りに背の低い商店が並ぶ西武線沿線の駅前通りらしい町並が保たれている。とはいえ、個々の店舗はそれなりに移り変わって、子供の頃のなじみのある店は見あたらない……と思ったら、踏切を渡って200メートルかそこら行った右手に「正保《しょうほ》市場」というのが目にとまった。

以前、トキワ荘通りのあたりでも見掛けた、戦後調の集合マーケット。シャッターが閉ざされて、建物自体が朽ちているから、おそらく廃

下井草駅近くの早稲田通り沿いに残る「正保市場」の廃屋。

屋状態と思われる。この「正保」というのは昔のこの辺の町名なのだ。小学生時代、この道を通るバスに乗って石神井公園へ遊びに行っていた頃は、すぐ先の停留所も確か、正保町だったはずだ。

いまは「井草一丁目」になった停留所で、先へ行くバスを待っているとき、下井草の駅の方から挙動のあやしいオッサンが歩いてきた。車道と歩道の仕切りもない昔ながらの道を、右手のケータイ（ガラケー）をじっと眺めながら悠々と歩いてくる。しかも、もう片方の手の指先にはタバコをはさみ、つまり、歩きタバコ＋ケータイ見……という状態。道が空いていたからよかったものを、しかしあのオッサン、いったいケータイでナニに熱中していた（株か、馬券か？）のだろう。まぁ、いい方に解釈すれば田舎町を思わせるのんびりした光景ともいえる。

歩きタバコ
+ケータイ見
のおじさん。
あぶない
ですよ!!

再乗車した石神井公園駅行きのバスは、新青梅街道の八成橋《はちなり》の所で一旦西方の環八通りに迂回して、さっきの旧早稲田通りの続きの道に入っていく（20年くらい前までは旧早稲田通りを直進していた）。

「喜楽沼」というバス停（沼が存在するわけではなく、ひと頃まであった釣り堀屋の名が由来）のある、この辺から旧早稲田通りはくねくねと湾曲した田舎道の風情が一段と強まってくる。

「下石神井一丁目」で降車して、少し歩いていくと、道が大きくカーブする所にバス会社の制服を着た男が立っている。すぐ脇に小さな待機用

下石神井の狭隘区間を走る阿佐ケ谷方面行きのバス。右手に誘導係のオジさんが。

のボックスが置かれているが、彼は狭隘《きょうあい》なカーブ地点でバスが対向車とスムーズにすれ違えるよう誘導する係なのだ。ひと頃の練馬や世田谷あたりにはこういうポイントがいくつかあった（さらに昔は車掌さんが誘導した）ものだが、近頃は下石神井のここくらいになってしまった。

旧早稲田通りは石神井川に架かる豊島橋を渡って、禅定院の前で石神井公園の方から来る道と合流する。ここから左手が旧早稲田通りの進路。やがて井草通りと交差する、その少し手前に古めかしい農家が2軒見える。どちらも同じ姓のお宅だが、青いトタン張りを施した軒の広い納屋が庭の一角に建っている。ああいうタイプの納屋は、かつて広い軒下に練馬だいこんをぶら下げて干した……このあたり特有のスタイルだと聞いた。

井草通りを右折した先にある石神井公園ふるさと文化館というのに立ち寄っていくことにしよう。いわゆる郷土資料館に値する施設で、石神井周辺の歴史資料が常設展示されている。練馬だいこん、アニメの聖地ともいえる東映大泉（当初、京都の太秦《うずまさ》と混同したのか、太泉映画と表記された）の資料、そして、とりわけ虫好きの僕の興味を引いたのは、加藤正世の蟬類博物館に関するコーナーだった。

加藤正世とは、大正から昭和の戦前に活躍した昆虫学者で、この石神井の三宝寺池の傍らに昆虫の研究所と蟬の博物館を開いていた。現在、昆虫標本の大方は東大に保管されているそうだが、昭和10年代の石神井の豊かな昆虫記録に目を奪われた。トラフトンボ、ベッコウトンボ、ヨツボシトンボ……なんてレアなトンボ（といっても、ピンとくる読者は少ないかもしれない）が石神井の池辺で採集できたとは……うらやましい。

館の裏手に移築保存された茅葺き農家「旧内田家住宅」（元は中村橋南方に存在した）を見物して、ＪＡ（昔の石神井農協）の並びに見つけた店で昼食をとってから、旧早稲田通りをもう少し奥へ進むと道場寺と三宝寺、由緒正しい古刹が並んでいる。前者は「豊島山」の山号を付けた豊島氏の菩提寺、後者は徳川家光が鷹狩りの休憩所に使ったとされる寺で、壮厳な山寺風情の道場寺に対して、三宝寺の方は派手目の堂や像が配置されている。とくに、境内西側の墓地に建立された観音像は新しいものだが、石神井の森を背景にしたその佇まいは観光地の大観音的なインパクトがある。

三宝寺門前のいまはなき「焼だんご」。

そう、もう一つ、道場寺と三宝寺の間の門前に〈明治35年創業〉の由緒を掲げた焼きだんご屋がある。焼きだんご屋（おそらく当初は露店だろう）が成り立つほど、明治の頃はこの辺の寺詣でをする人がいたのだろう（惜しくもこの店、閉業してしまった）。

三宝寺池の西裏には氷川神社があり、三宝寺池南岸にあたるこの寺社群の一帯が豊島氏の居館した石神井城の敷地なのだ。豊島氏の城……といってもその時代は鎌倉時代後期から室町時代にかけて、戦国時代の序盤ともいえる1477年（文明9年）、太田道灌率いる軍に攻め落とされた。その際、城主・豊島泰経と愛娘・照姫は三宝寺池に身を投じて命を絶った……という伝説（池畔にその話にちなんだ殿塚、姫塚の碑がある）も存在するが、これはどうもかなり物語化された話のようだ。

クヌギの高木が続く、仄《ほの》暗い道から三宝寺池の西側の緑地に入った。実は今回、カバンのなかに携帯式の捕虫網を仕込んできた。昔、渋谷の志賀昆虫店で買ったドイツ製の品物で、ステンレスの伸縮式の棹を伸ばして、先端にネットの部分をセットする。例年、夏のバス旅は雨に見舞われることが多かったが、本日はおおむね好天でセミの声もかまびすしい。まず、クヌギの樹液のポイントを探したが、浸み出した樹は見つからない。ただ、とあるクヌギの根もとにカブトムシのオスとメスの死骸を見つけた。この辺で交尾した後とも考えられるけれど、飼育していた子供がここに死骸を葬った……という可能性もある。

崖地のマツやスギが目につく林の方からは「カナカナカナ……」としきりにヒグラシの声が聞こえてくる。都会でもこのくらい森が深いと暗がり好きのヒグラシは鳴く。太いスギの幹にとまったメスをまずネットに収め、続いてオスを捕まえた。採集したおぼえのある人ならわかると思うが、ヒグラシのオス

カブトムシのつがいの死骸。

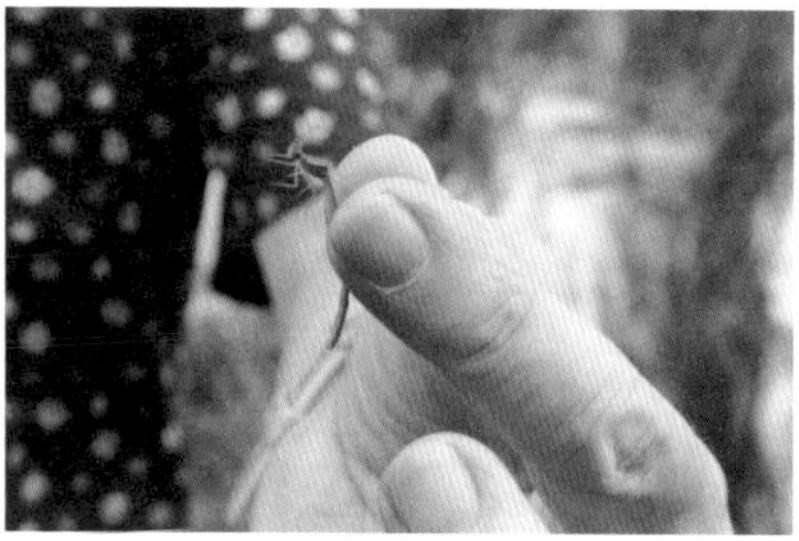
石神井池畔で捕まえたアオモンイトトンボ。イトトンボを見るのは久しぶりだ。

とメスはオナカの様子が随分違う。シュッとスリムなメスに対して、鳴くオスの腹は小田原提灯のようにふくらんでいる。空洞の腹のなかで音を共鳴させて、あのカナカナカナの鳴き声を作り出すのだ。

ところで、この三宝寺池西側の森の北方、石神井松の風文化公園の一角に知る人ぞ知る施設がある。芝生の隅の小高い所、フェンスに囲まれた風向計などの計器こそ「練馬アメダス」なのだ。つまり、天気予報で「練馬では人の体温を上回る37度を記録しました……」なんて言ったときの練馬の気温は石神井のここで計測されたものなのである。捕虫網を持って、練馬アメダスをじっと眺めていたら、通りがかりの管理人と思しき男に不審な目で見られた。ささっとアメダスを後にして、池の畔《ほとり》でトンボを探す。

井草通りを渡って、石神井池の方へやってくると、水草の豊富な三宝寺池よりもむしろ人工的なこちらの池の方がトンボが目につく。目当てにしていたギンヤンマが1頭、2頭……確認できるが、このトンボは池の中央を悠々と飛んでいて、なかなか岸辺の方へやってきてくれない。そして、たまにファンサービスみたいな感じでこっちへ向かってくるのだが、網が届くぎりぎりくらいのところでクイッと向きを変えて遠ざかっていってしまう。実に頭がいいのだ。

ギンヤンマを網に収めて、なかむら画伯やスタッフに自慢したいところだったが、埒《らち》が明かないのであきらめた。小さなイトトンボ（後で調べたら、アオモンイトトンボの未成熟型メスと思われる）を網に収めて、一応これで打ち止めということにした。

池畔の別荘気分のお屋敷街をぬけて、石神井公園の駅前商店街に出てきた。狭い商店通りをL字に曲がってバスが通過していく景色は、石神井池でクチボソを掬《すく》ったり、ギンヤンマを追っかけたりしていた頃と変わらないが、その先のスマートな駅前風景はまるで別の街に来たようだ。そう、いまやここから乗り換えなしで代官山や自由が丘へ行けてしまうのである。

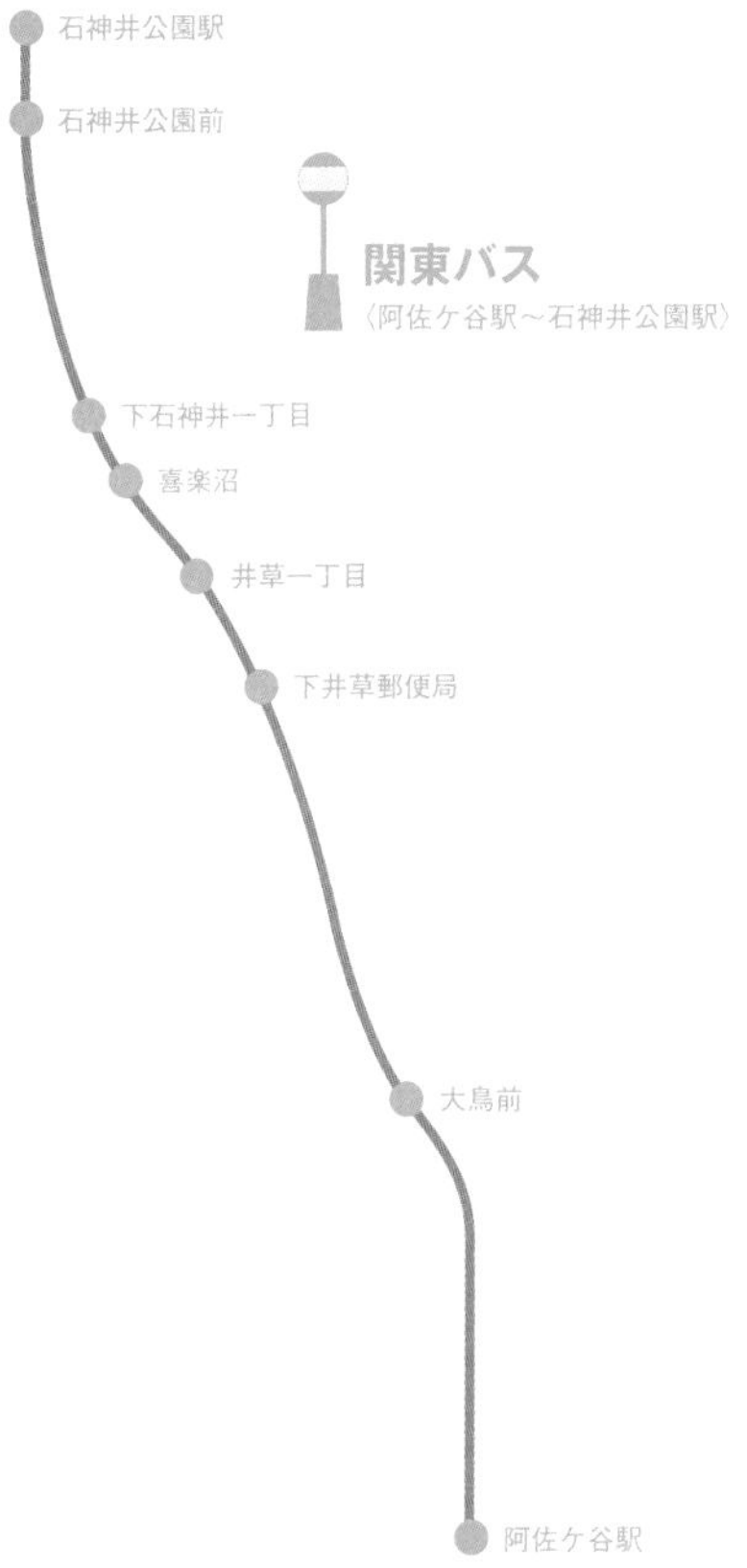

32

バスで鳥居をくぐって大山詣で

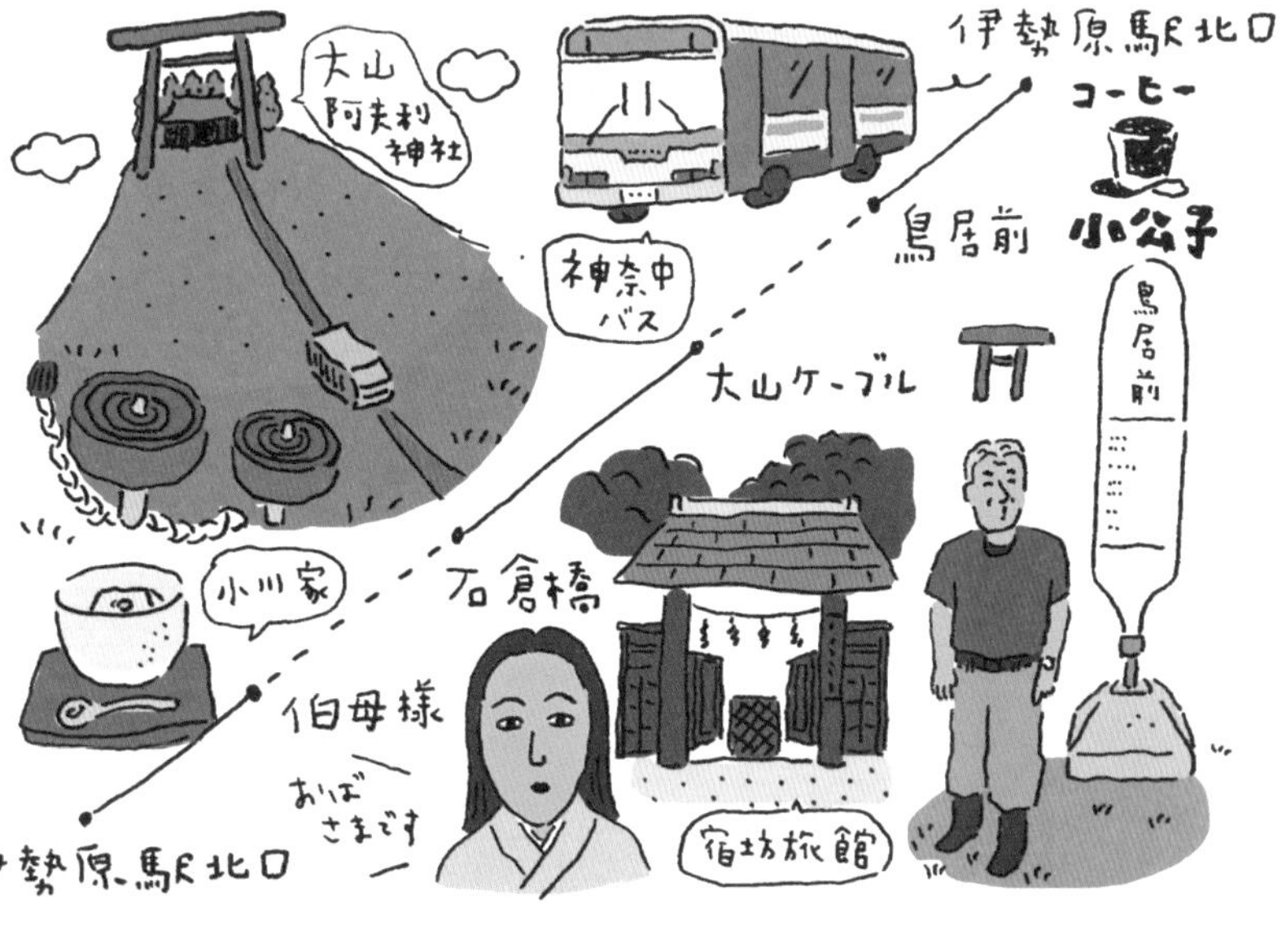

神奈川中央交通

伊勢原駅北口→鳥居前、大山ケーブル→石倉橋

小田急線の伊勢原にやってきた。駅前（北口）に鳥居が見えるが、これはこの先の大山に鎮座する大山阿夫利《あふり》神社の玄関口を表す鳥居でもある。その大山に行く路線バス（神奈中バス・大山ケーブル行き）がここから発車している。

その前に、鳥居のすぐ横にある「小公子」という渋い佇まいの喫茶店が気になって、立ち寄ってみた。例のごとく、愛煙家のスタッフ・Tがすでに来ていて、いつもより堂々とした感じで煙草を吸っている。そうか……よく見ると、壁の一角に洋モク（外国煙草）のパッケージがずらり展示され、ドアでつながっている隣は煙草屋さんなのだ。煙草好きの人が始めた喫茶店に違いない。コクのあるおいしいブレンドを味わいつつ、カウンターにいる女主人に尋ねたところ、40年ほど前に開業したこの店、飾られた洋モク（パッケージ）は旅行好きの先代（彼女のお父様）が海外で集めてきたものらしい。

大山へ行くバスは坂道の鳥居をくぐって進む。独特の風景だ。

そして、「小公子」という可愛らしい店名も先代の命名という。

「好きだったシルクハットのイメージなんですよ」

一瞬ピンとこなかったが、なるほど、主人公のセドリック少年がドリンコート城を訪ねるシーンで身に着けていた燕尾服とシルクハット……からの発想なのかもしれない。

喫茶店を出てきたら、目の前の大山ケーブル行きのバス乗り場には長蛇の行列ができていた。平日の午前10時2分発。乗客の大方は登山、ハイカー・ルックの中高年である。僕らは山登りする気では来ていなかったが、頂上まで行って周辺の丹沢山系に足を延ばす人もけっこういるのだろう。

久しぶりの立ち乗車で車窓景色を眺める。駅前の市街をぬけて、東名高速の下をくぐったあたりから一段と田園らしくなってくる。太田道灌ゆかりの道灌塚前、山王原、明神前、子易……と、停留所の名称も神社信仰の土地らしい。

鳥居前のバス停前で会った元小田急線運転士の老人。

「鳥居前」のバス停の先には、まさに鳥居がある。それも、道の傍らではなく、このバス通りをまたいだ大鳥居で堂々と建立されているのだ。ここで降車して、鳥居をくぐるバスのショットを狙ってみたい。

時刻表を確認すると、20分ほど後に上り下りの両方向からバスがやってくる。鳥居に目をやりつつカメラを手に構図を練る僕らを、すぐ向こうで老人がにやにやした顔つきで眺めている。声を掛けてみると、老人はすぐ横のお宅の住人で、昭和2年（1927年）の生まれ、御年90を過ぎている。「小田急で東京から来た」というと、「オレ、小田急運転してたんだよ、昔」なんておっしゃっている。

ハンドルを切るようなポーズをしたので、バスかと思ったら、昭和20

スマートな新車両になった大山ケーブルカー。

年代当時の普通電車の運転士だったという。

「兄貴が死んじゃったからさ、オレが替わりにやることになって。それまではここで牛の乳しぼってたんだよ……」

老人の家は酪農を営んでいて、このバス停のすぐ裏に乳牛の牧場や牛舎があったという。

そんな貴重な昔話を伺っているうち、まず山の方からバスが、まもなく下の町の方からのバスがやってきた。カメラに収めて、ここからは歩いて大山のケーブル乗り場をめざす。

この鳥居をくぐりぬけたあたりから目についてくるのが、「先導師」の名を掲げた古めかしい旅館。先導師は「御師《おし》」の別称もある、いわば神社参詣のツアーコンダクター。江戸で大山信仰の宣伝をしながら檀家を集めて大山講（山登りと神社参詣）の水先案内をして、宿坊を提供する。先導師の名を冠した家は、そんな江戸の大山講ブームの頃から継承された宿坊旅館なのだ。奥多摩の御岳山にもこういう御師の集落があるけれど、商売柄か、古い日本家屋をそのまま使い続けている所が多いので、それが町並に趣を与えている。

昔ながらのミヤゲ物屋が並ぶ一角に、「大山駅」というバス停がある。

阿夫利神社（下社）境内からの眺め。当日は少し霞んでいたが、遠く江の島あたりまで見渡せる。

ハイカールックのおじさんおばさん。準備万全!!

一瞬、ケーブルの駅を連想する人も多いかと思われるが、ここは昔のバスの終点で、公共交通の駅的な役割をしていた場所なのだろう（ケーブルの駅をこの辺に設置する計画があった、という説も聞く）。

この大山駅の所から1キロ近く、けっこうな勾配の坂を上ると「大山ケーブル」というバス終点があり、さらに江の島風の石段ミヤゲ物屋街をクネクネと上りぬけた先に、ようやくケーブルカーの乗り場が現れた。

昭和40年（1965年）に開通したというケーブルカー、ほんの数年前まで、開通当初の車両と思しき古ぼけたやつが出入りしていたような気がするが、いまは近未来トラムっぽい洗練されたグリーンとスカーレットの車両に替わっている。標高はこの大山ケーブル駅のあたりが400メートルほどで、終点の大山阿夫利神社が700メートルくらいの所にあるけれど、ここは正確には下社の方で本社が存在するのはさらに500メートル余り山道を登った頂上付近。本社の参拝も当初考えたのだが、この下社から往復4時間くらい要するようだから、日帰りの路線バス企画ではちょっと厳しい。

ところで、他所にもある「阿夫利」（神社）というのは〝雨降り〟を意味するもので、いわゆる雨乞い祈願の神様なのだ。この大山は相模湾から平野に入った南東風がぶつかって雲が湧き、雨が降りやすい場所なのである。しかし、しばしば雨降りに見舞われるこの企画にしては、よく天気はもっていて、境内の崖際から江の島や三浦半島まで見渡せる。江戸の頃の大山詣では江の島詣でとパックになっていたツアーも多かったというが、こうやって下界を眺めれば、江の島にも立ち寄っていこう……という気になるのはよくわかる。東京の市街地まではさすがに見えないけれど、江戸の人々が富士や箱根をめざして街道を西進するとき、それより手前、相模平野の向こうに最初に目につく山がこの大山だったのだろう。つまり、大山信仰は〝コンパクトな富士講〟みたいな意味合いも含めて江戸で人気が出たのかもしれない。

さて、先のケーブルカーには途中に一つ、大山寺という駅がある。下社境内のミヤゲ物屋のオバチャンに聞いたら、山道を15分も下れば寺に着くというので、大山寺にちょこっと寄り道してからケーブルで下山することにした。

この大山寺までの山道が案外きつかった。敷石を入れた階段状にはなっているものの、ごつごつした岩石が剥き出しになったような箇所もあり、勾配もけっこう急なのだ。行程上、ケーブルカーの時間を気にしながら早足で下っていたら、大山寺の堂宇が

大山寺へ下って行く山道はけっこうきつかった……。

伯母様のバス停に神奈中バスがやってきた。路傍にぽつんと立った石碑にその謂れが記されている。

見える頃にはヒザがガクガクと笑い出していた。

鎌倉幕府の時代、源頼朝が妻・北条政子の安産を祈願して神馬を奉納した……なんて伝説もある大山寺。迅速に参拝して300メートルほど離れた駅に入ってきた下りのケーブルカーに駆け込んだ（当初、上り下りのホームの位置をまちがえていたので、話を盛ることもなく、まさに「駆け込む」という状況だった）。

ケーブルカーを降りた先の階段状の商店筋には、名産の大山こまを並べたミヤゲ物屋が目につくが、もう一つ多いのが豆腐料理を看板にした店。ケーブルカーに焦って乗り込んだのは、「小川家」という豆腐をメインにした小料理屋を予約していたからだ。湯豆腐に湯葉、揚げ出し豆腐……デザートも杏仁豆腐という豆腐づくしのランチを味わったが、そもそも大山の豆腐料理は先述した先導師の宿坊から広まったのだという。

帰路、山の麓の「石倉橋」の停留所でバスを降りた。西方にちょっと歩いた所に立ち寄りたいポイントがある。広い道を数百メートルばかり行った消防署の先のくねくねした横道に入っていくと、畑の向こうに奇妙な名前のバス停

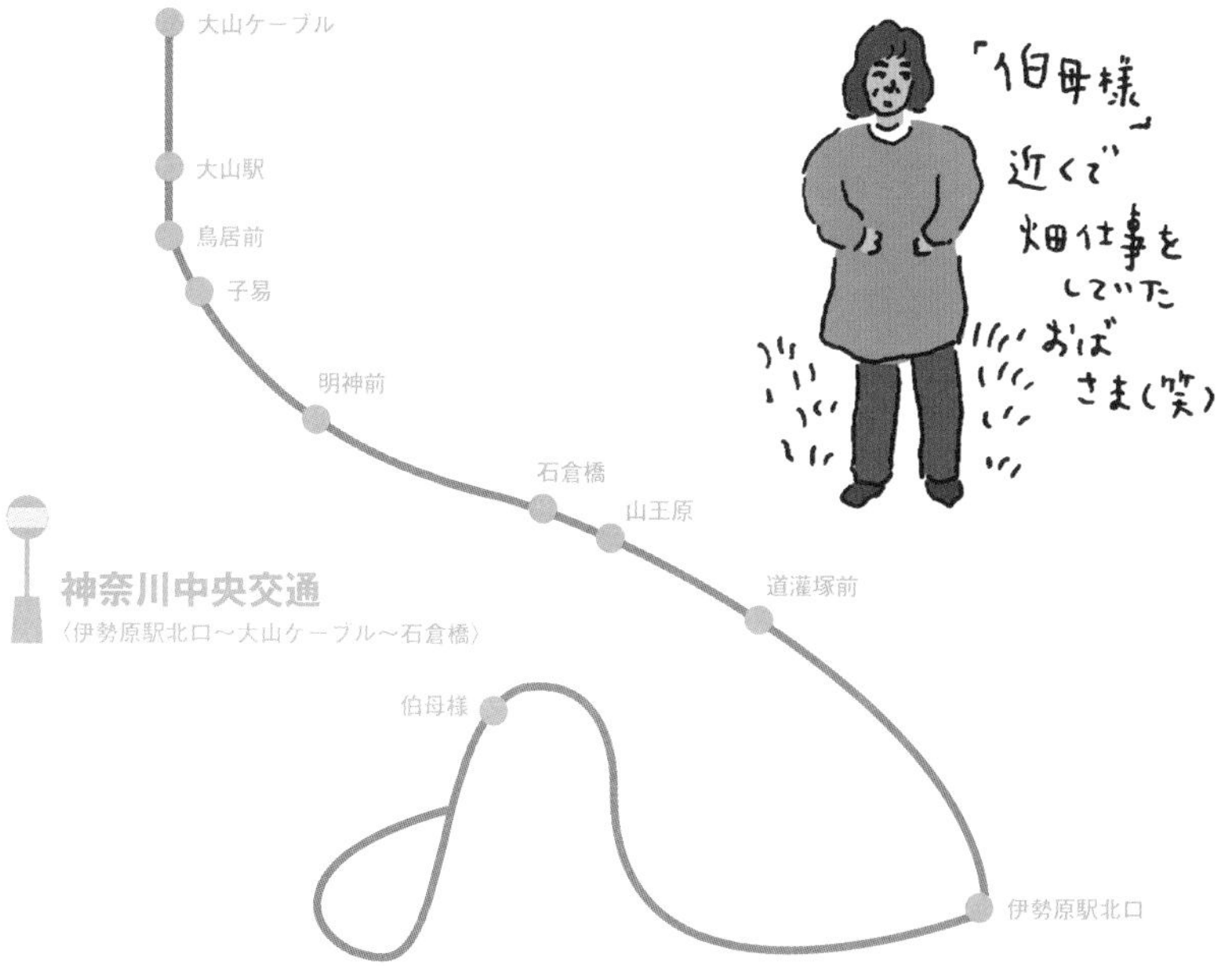

が立っている。

その名は、「伯母様」。そのまんま「オバサマ」と読む。少し先の逆方向側のバス停の脇に「伯母様村観音」というのが祀られていて、石碑に記された謂れによると、北条氏康から村を与えられた布施弾正左衛門康則という家臣の伯母・梅林理香大姉という女性が〝伯母様〟の正体らしい。大姉と付くように、この地にあった高岳院という寺の比丘尼《びくに》だったという説がある。北条氏康の活躍期は1550年代頃だが、こういう北条氏の土地で伯母様というと、それより400年ほど前の尼将軍・北条政子の姿をふと思い浮かべてしまう。

大山寺の安産祈願、と結びついた政子伝説でも絡んでいたら面白いのにな……。

33

軍都・王子から旧古河庭園へ

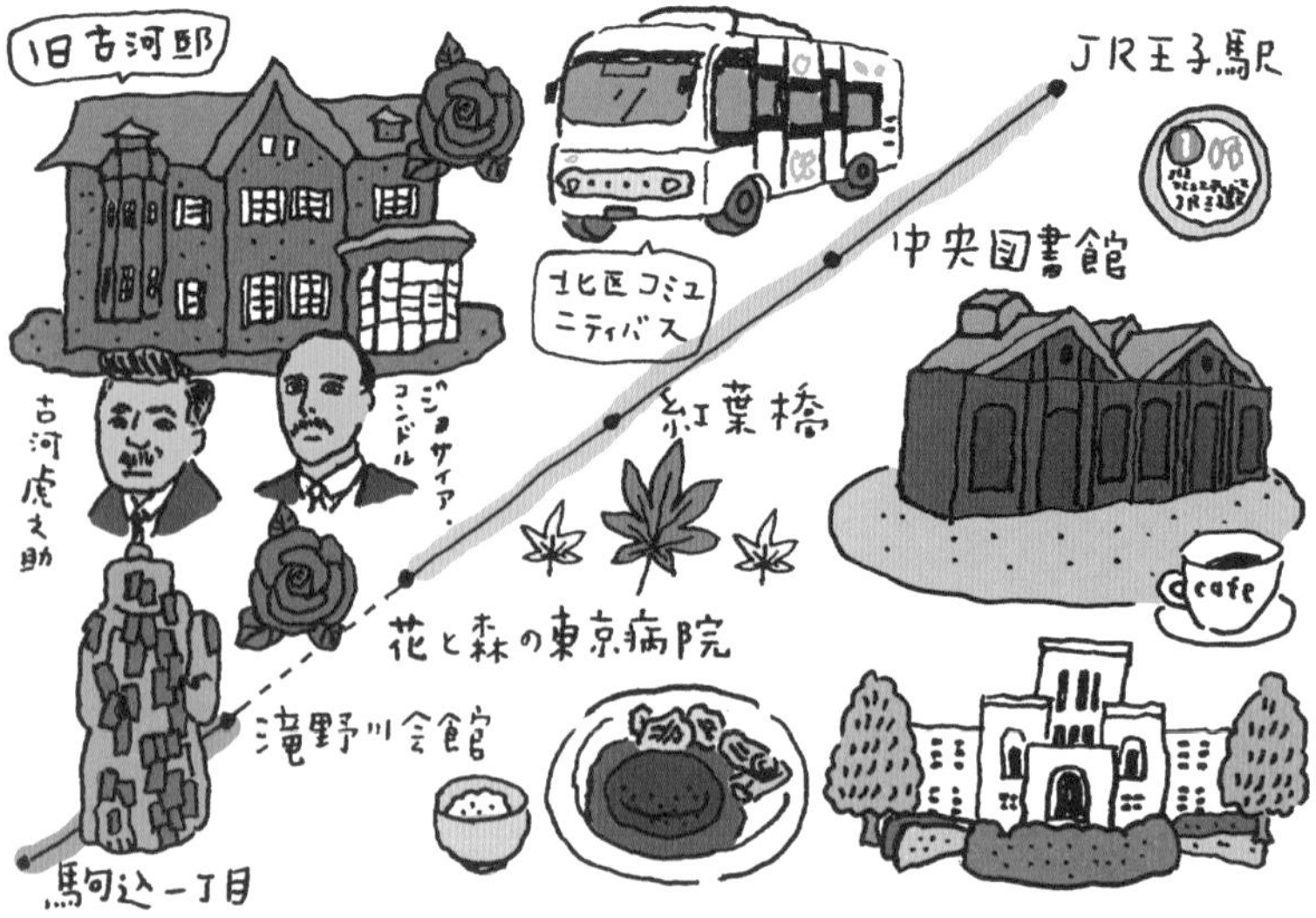

北区Kバス

王子・駒込ルート、田端循環ルート

こちらも陸軍造兵廠本部の建物だった文化センター。米軍野戦病院だった時期も。

陸軍造兵廠薬莢工場の建物を使った図書館。赤レンガが美しい。

近頃の東京には、ほぼ区や市町村単位でコミュニティーバスが走っているものだが、北区にも「Kバス」というのがあって区内を巡回している。今回は王子からコレに乗ってみたい。

王子駅東口の北側、北とぴあの玄関先あたりに乗り場がある。JR線路下の狭いガードをくぐったバスは本郷通りを北上、十条台小学校の手前を左折して中央図書館の前にやってきた。ここでまず降車。といっても図書館で調べ物をするわけではなく、お目当ては館の半分ほどに利用されている赤レンガの建物。横浜の赤レンガ倉庫にも似た佇まいのこの建物は、戦時中の陸軍造兵廠《りくぐんぞうへいしょう》の薬莢《やっきょう》工場に使われていたらしい。現在内部はリニューアルされて図書館とカフェになっているが、見上げると天井部には昔の金属製の梁なんかがそのまま保存されていて、歴史を感じさせる。

図書館のすぐ向こうには、いまも陸上自衛隊の駐屯地が置かれているが、この辺から埼京線の線路端にかけては、明治時代の後半から軍の広大な鉄砲工場が設置されていた一帯で、ちょっと南寄りの中央公園の一角には陸軍造兵廠の本部が入っていた白亜のコンクリート建築が保存されている。

スタートの
JR王子駅の
周辺を
竹ぼうきで
念入りに掃く
おじさん。

現在は区の文化センター（セミナーなどが催される）に使われているこの建物、終戦後は米軍に接収されて、ベトナム戦争の当時は野戦病院に利用されて、ちょっとした社会問題になっていた。僕が小学5、6年生の頃、全共闘の学生たちが押し寄せて「米軍は出て行け〜」とシュプレヒコールをあげていた光景がニュースで流れていた記憶があるが、いまはレトロな病院や学校の設定でドラマによく登場する。

中央公園の前の通りを少し王子駅の方へ行くと、紅葉橋《もみじばし》という橋がある。橋の傍らに通称・紅葉寺と呼ばれる金剛寺が建っているが、この寺を含めて石神井川の渓谷沿いに徳川吉宗が「カエデを植えよ」と命を出し、以来あたりは江戸の紅葉名所になったという。そう、吉宗は飛鳥山の桜のプロデュースばかりではなかったのである。取材当日（10月中旬）、紅葉寺境内のカエデはまだ色づいていなかったが、あと1か月もすれば、良い色を帯びはじめるのだろう。

「紅葉橋」の停留所から再び先のバスに乗車、音無橋の所で都電と合流、飛鳥山の緑を車窓越しに眺めながら次の目的地、旧古河庭園へと向かう。旧古河庭園のバス停で降りようと思っていたら、一つ手前に気になる停留所がある。「花と森の東京病院」――いったい、どうい

紅葉橋と紅葉寺こと金剛寺。寺の場所にかつて滝野川城（P70の石神井の話にも登場した豊島氏の居城）が存在した。

う病院なのだろう？
降りてみると、すぐの目の前の病院は、お花畑に囲まれたメルヘンムード満点のホスピタル……というわけではなく、一見どうってことない、シンプルな総合病院だ。ただし、ロビーをちょっと覗いてみると、裏窓の向こうに滝野川公園の緑が望めて、この借景が〝花と森〟のキーワードになっているのかもしれない。隣に、お札を製造する国立印刷局があるけれど、その印刷局の職域病院として立ち上がったようだ。

ところで、この「花と森の東京病院」でバスを降りようとする寸前、車内の広告アナウンスで「ハンバーグの専門店　榎本ハンバーグ研究所」なんて店が近くにある、という情報を得た。時刻は11時半、ランチの店も固まっていなかったので、ここでハンバーグを味わうことにした。デミグラス、焦がしチーズ、煮こみ、「しるばーぐ」なんていう雑炊風の変わり種まで含めて、ハンバーグ料理ばかりがメニューに並んだこの店、肉もデミグラスソースの味もさすがにおいしかった。花と森の東京病院でバスを降りた甲斐があった。

西ヶ原の二股交差点右手に広がる旧古河庭園は、清澄庭園や六義

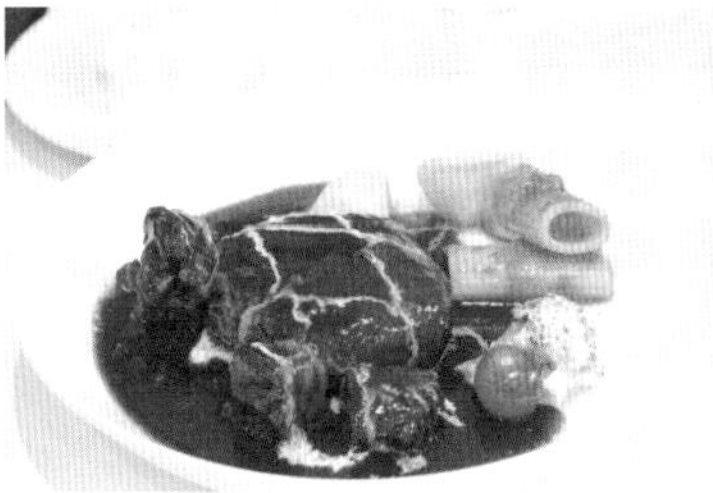

バスのアナウンスで知った「榎本ハンバーグ研究所」。

日本庭園とイングランド風の洋館が起伏ある地形にうまくレイアウトされた旧古河庭園。

園と並ぶ東京の本格庭園の一つであり、庭と合わせて古河邸の洋館の佇まいも素晴らしい。

まずは庭の方から眺めてみよう。当日は、〝秋のバラフェスティバル〟の最中で、数々の種類のバラの花が洋風庭園一帯を飾っていた。この庭園はもう何度か訪れているけれど、武蔵野台地の端っこの高低差のある地形を見事にいかした立地構成につくづく感心させられる。

洋館と同じくジョサイア・コンドルが設計したという洋風庭園を下ると、低地には京都の庭師・小川治兵衛（通称・植治）が手掛けた日本庭園が配置されている。畔に雪見灯籠を置いた心字池や茶室のある日本庭園を散歩して、下からまた洋館の見える洋風庭園の方へ上っていく感じはテーマパーク調の面白さがある。

元は陸奥宗光の邸宅のあった（宗光の次男が古河家に養子に入った）この地に、コンドルの設計による古河虎之助の邸宅と洋風庭園が完成したのは大正6年（1917年）。日本庭園も含めて、現在の姿に整備されたのは大正8年。西暦の1919年というから、ほぼ100年の歴史になるのだ。

ちなみに、古河虎之助の家族がこの家で生活していたのは大正時代の

10年足らずの間で、その後は古河財閥の迎賓館に利用されて、戦時中は陸軍、終戦後はＧＨＱに接収されて、占領期の後は長らく閉鎖されていた。

今回、ガイドさんに導かれて、初めて洋館内をじっくり見学させてもらったが、へーっと驚かされることがいくつかあった。たとえば、玄関を入ってすぐ横のビリヤード室。ビリヤード台の8本の脚にあたる部分の床にいちいち補強用の大理石が埋め込まれていたり、浴槽がコンパクトなローマ風呂を思わせるシャレた円型のものだったり、洋風の扉で隠されるように畳敷きの和室がいくつか設けられていたり……。館の端の方には使用人たちが使った部屋も残されている。僕は、１９２０年代頃のイングランド貴族の館を舞台にしたイギリスのＴＶドラマ「ダウントン・アビー」を最初のシーズンからずっと観ているファンなのだが、ガイドさんの話では、ああいう複数のメイドや料理人たちを常駐させた、和製ダウントン・アビー的な世界が大正時代の数年間ながら展開されていたようだ。

旧古河庭園を後にして、すぐ先の「滝野川会館」の停留所から、こんどは田端方面へ行くＫバスに乗車する。

滝野川会館バス停からＫバスに乗車。

どういうわけかこのバスは70～80代くらいの老婦人ばかり乗っている。本郷通りを南下して、駒込駅の南口からバスは込み入った裏道を奥へ奥へと進んでいく。「駒込一丁目」で降車して、100メートルほど歩くと「田端銀座」という昔ながらの商店街が忽然と出現する（次の「田端三丁目」で降りても近い）。

路端に野菜を出した八百屋やら花屋やらが狭い筋に並んだこの田端銀座、田端の駅からはかなり離れた住宅街の一角に孤立して存在する感じが散歩者の興をそそる。「濃い豆乳」と手書きの品札を出した豆腐屋の店先で、文字どおり、ねっとりした濃い豆腐感のある豆乳（200cc／120円）を立ち飲みして谷田川《やたがわ》通りを田端の方へと歩く。その名のとおり、谷田川という昔の川の暗渠《あんきょ》道（旧古河庭園のあたりも一つの水源とされる）で、藍染川と名付けられた谷中の谷を通って不忍池に注いでいた水流なのだ。

豆乳が立ち飲みできる田端銀座の豆腐屋（上）。赤紙に覆われた仁王像。空いているところを探すのも難しい（下）。

そして、この谷田川通りの周辺には〝田端文士村〟を形成した作家や画家の住居が多かったようだが、もはや面影のある建物一つ残されていないのが惜しい。馬込文士村で立ち寄った川端龍子邸（前巻・5話）のような、有形の史跡でもあれば訪ねてみたいところだが、地味な謂れ書きを見つけても面白くない（田端駅前に田端文士村記念館というミュージアムはある）。

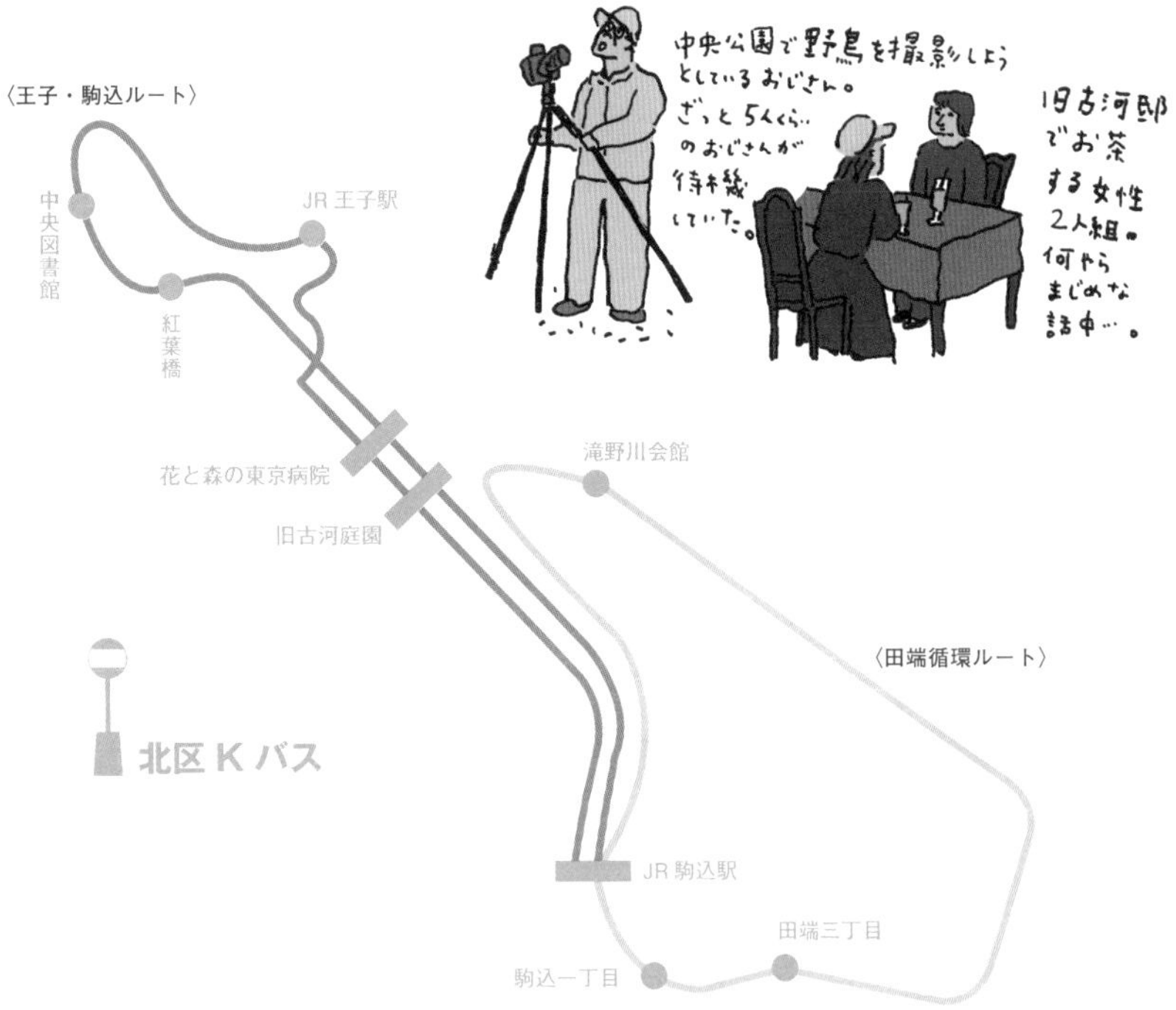

谷田川通りから、ちょっと北寄りの広い新道に出ると、東覚寺という寺がある。赤紙仁王の俗称の方で知られる寺なのだが、門前に鮮やかな朱赤の紙をべたべた貼り付けられた仁王像が2体置かれている。

しばられ地蔵なんかのシステムと同じく、参詣者は己の身体の具合の悪い部位にあたる仁王像の箇所に赤札を貼りつけて、治癒の願掛けをする。僕となかむら画伯も寺務所で赤札（ノリ付きで1枚20円）を買って、仁王像のおもいおもいの箇所に貼りつけた。

僕は、最近妙にかゆい右目のあたりともう一つ股間部に貼ってみたが、後者はとくに深刻な悩みなどがあるわけではない。

34

豊洲市場と海の森公園探訪

都営バス

新橋駅前→豊洲市場、
有明テニスの森→東京テレポート駅前→中央防波堤

ノンステップバス

新橋駅のかつて築地市場行きが出ていた乗り場から豊洲市場行きは発車する。

豊洲市場を見学中の外国の人。なかなか寒い日だったが、半袖！

２０１８年の春先、新橋の駅前からバスに乗って閉場が迫った築地市場を訪ねた（前巻・24話）。その後市場は無事豊洲に移転、いまは同じ停留所から豊洲市場行きのバスが出ている。これに乗って、新しい市場の見学を試みようと思う。

新橋駅前の銀座寄りの乗り場から、９時41分発の〈市01〉豊洲市場行きの都バスに乗車した。この時間はもう、河岸《かし》に買い出しに向かう業者らしき客は乗っていないけれど、座った後部座席のあたりには仄かに魚の匂いが漂っていた。これも市場行きのバスならではの風情。バスは築地市場を右に見て、晴海通りを右折して勝鬨《かちどき》橋を渡る。隅田川の下流に完成した築地大橋を走行するトラックの列が垣間見えたが、この路線バスも将来的には向こうの橋を渡るルートをとるのかもしれない。

晴海のトリトンスクエアの横を通過、春海橋の方へは曲がらずに直進、晴海大橋を渡って豊洲の領域に入った。もう市場はすぐ先だ。

道が空いているので、時間調整で途中、二、三度バスは停車したが、そのときに言う運転手さんのアナウンスがちょっとユニークだった。「青信号でサクサク来てしまいましたので、発車まで２分ほどお待ちください。申し訳ありません」

とまぁ、なかなかていねいな運転手さんには違いないのだが、「青信号でサクサク」という表現は珍しい。いまどきのバス業界には割と定着した言い回しなのだろうか？

「ゆりかもめ」の市場前駅の先、南側の正門をくぐった管理施設棟の3階フロアーを起点に水産卸売場棟、水産仲卸売場棟、青果棟といった3大施設を巡回するという仕組みになっている。

各棟に至る通路は直線ながらけっこう長く、ケータイ電話の歩数計はあっという間に1万歩に達した。巡回する——とは書いたけれど、一般の見学者はこの3階部に設けられた窓越しに、業者が立ち働く1階部の様子を覗き見るだけ。つまり、最近の工場見学と同じシステムで、現場の臨場感はあまり伝わってこない。ただし、通路際に置かれたターレーに乗って記念写真が撮れたり、セリでやりとりされる〝手やり〟(売り買いを表す手サイン)の解説が掲げられていたり、観光客向けのサービスは施されている。京橋の大根河岸や日本橋の魚河岸……通路に陳列された往年の市場界隈の写真のなかにも、他であまり見掛けないマニアックなのがある。

市場名物・ターレーに試乗できるコーナーもある。

ところで、早朝のセリ風景を眺めるわけでもないわれわれの第一の目的は、この新市場での

洋食「八千代」の人気メニュー、フライ盛合せとチャーシューエッグ。

昼めしである。管理棟3階の飲食店の筋で目にとまった「八千代」にまだ10時半という早い時刻ながら入ってしまおう。にわかに増えてきた人波を見て決断したのだが、案の定、僕ら5名が席についてまもなく、外に順番待ちの行列ができた。

この店〝とんかつ〟の冠が付いているけれど、エビフライやカキフライなどの魚介系のフライと、もう一つ〝チャーシューエッグ〟という名物がある。脂身がたっぷりついたチャーシューに2個の目玉焼きをからめた、という賄《まかな》いめしっぽいメニューで、築地時代に味わって、病みつきになった。火曜、木曜、土曜に限定されたメニューのようだが、本日はラッキーにも木曜。こいつはツイている。

チャーシューエッグとフライ各種を堪能、青果棟の方の店舗街を散策すると、作業衣の「伊藤ウロコ」をはじめ、築地でなじみの店が並んでいる。牛丼の「吉野屋」やカレーの「中栄」……今回訪ねられなかったが、築地場内の人気店のほとんどが、こちらで再営業しているようだ。日本橋から築地、豊洲と続いてきた百年レベルの老舗も何軒かあると聞く。

外に出て、正門前の通りを豊洲市街と反対の方へ歩くと、やがて富士見橋という新しい橋に差しかかる。豊洲市場――灰色のスクエアな棟が並ぶ

豊洲ぐるり
公園で、
泉さんを
無言で
激写する
おじさん!
パシャ!

人気の眺望スポットになるかもしれない豊洲ぐるり公園。

佇まいは、幕張の展示パビリオン街のような無機的なものを感じたが、この橋際から覗き見える市場の裏方は、妙な言い方だが従来の市場らしい。橋詰の反対側には真新しい遊具を置いた豊洲ぐるり公園というのがあって、東京湾の向こうに望む都心の景色はなかなかの絶景だ。フォトジェニックなスポットとして今後注目されるに違いない。この橋、富士見——というくらいだから、富士山が眺められる日もあるのだろうか。

渡った向こうには、ユニクロの看板を掲げたビル（倉庫かな？）があり、その先に銀座の木村屋（総本店）の工場があった。木村屋のパン工場は、僕が築地の会社に勤めていた１９８０年代前半、本願寺の裏の方に建っていたはずだが、やはり、築地↓豊洲という流れがあるのかもしれない。

さて、こちらに歩いてきたのは、有明の先の東京テレポート駅の前から、こんどは中央防波堤行きのバスに乗ろうというプランなのだが、有明テニスの森のあたりで、東京テレポート駅行きのバスを見つけてこれに乗り込むと、台場のフジテレビの前から船の科学館の方をぐるりと迂回して、ようやく東京テレポートの駅前へやって

TPR
TPR

中央防波堤バス停前で見た“凝縮ペットボトル”の山。

海の森公園
を案内して
くださった
都の方。
革靴でも
スタスタ早い。
さすが慣れて
いる。

きた。

駅前のロータリーの端っこから、ほぼ1時間に1本程度の数少ない中央防波堤行きの都バスに乗る。ちなみにこのバスの系統番号は、防波堤の〝波〟を使った〈波01〉。ヴィーナスフォートの横を通って、青海3丁目の倉庫街をぬけると、東京湾の長いトンネル（第二航路海底トンネル）をくぐって、中央防波堤と呼ばれる埋立島のエリアに入る。

環境局合同庁舎の先の終点「中央防波堤」でバスを降りると、すぐ目の前にペットボトルのリサイクル工場があって、ラベルやフタを付けたまま潰されて凝縮されたペットボトルの固まりが山積みされていた。

僕は以前、環境局の合同庁舎ロビーに展示された昔の清掃局時代のゴミ箱なんぞを見物しに来たことがあったけれど、今回の目的はこのエリアの北側に整備中の「海の森公園」の散策。都の関係者の方に敷地内を案内してもらえることになったのだ。

建設中の橋（海の森大橋）の傍らから、足もとの悪い道を進んでいく。向こうには、すでに大方の樹木が植え込まれた緑の小山が広がっている。ここはひと昔前まで、いわゆる〝ゴミの山〟だった所だが、もはやその面影はない。

「『海の森』は昭和48年から昭和62年にかけて１２３０万トンのごみと建設発生土などを交互に埋め立てるサンドイッチ構造で造成した、約１４９ヘクタール（日比谷公園の約9個分）の埋立地です」と、東京都港湾局発行のリーフレットにあるが、それほどの規模がある緑地なのだ。まだ路面が舗装されていない箇所もあるので、なんだか子供の頃の多摩あたりの里山に紛れ込んだような気分である。植え込まれた樹木はクロマツやスダジイ、タブノキなど潮風に強い種類を中心に、ケヤキやエノキ、シラカシ、クヌギ、といった武蔵野の雑木林らしいものもある（各樹木に名札が付けられている）。

「海の森」の向こうに東京ゲートブリッジが見える。

そして、木立の間に見える芝生の道はどうやら東京オリンピックの馬術クロスカントリー競技で使うコースらしい。さらに、この公園際の運河がカヌー競技のコースに設定されている。雨水が溜まりやすい窪地に造られた池にはギンヤンマのヤゴやゲンゴロウの仲間までいる……。と伺って感心したが、その池の脇道を上って園内でもっとも標高の高い一角（海抜40メートルというから、ほぼ東京の山の手レベルだ）に立つと、運河の向こうに東京ゲートブリッジがよく見える。東京オリンピックの折には、この「海の森公園」からのドローンなどを駆使した中継映像を何度も観ることになるのだろう。

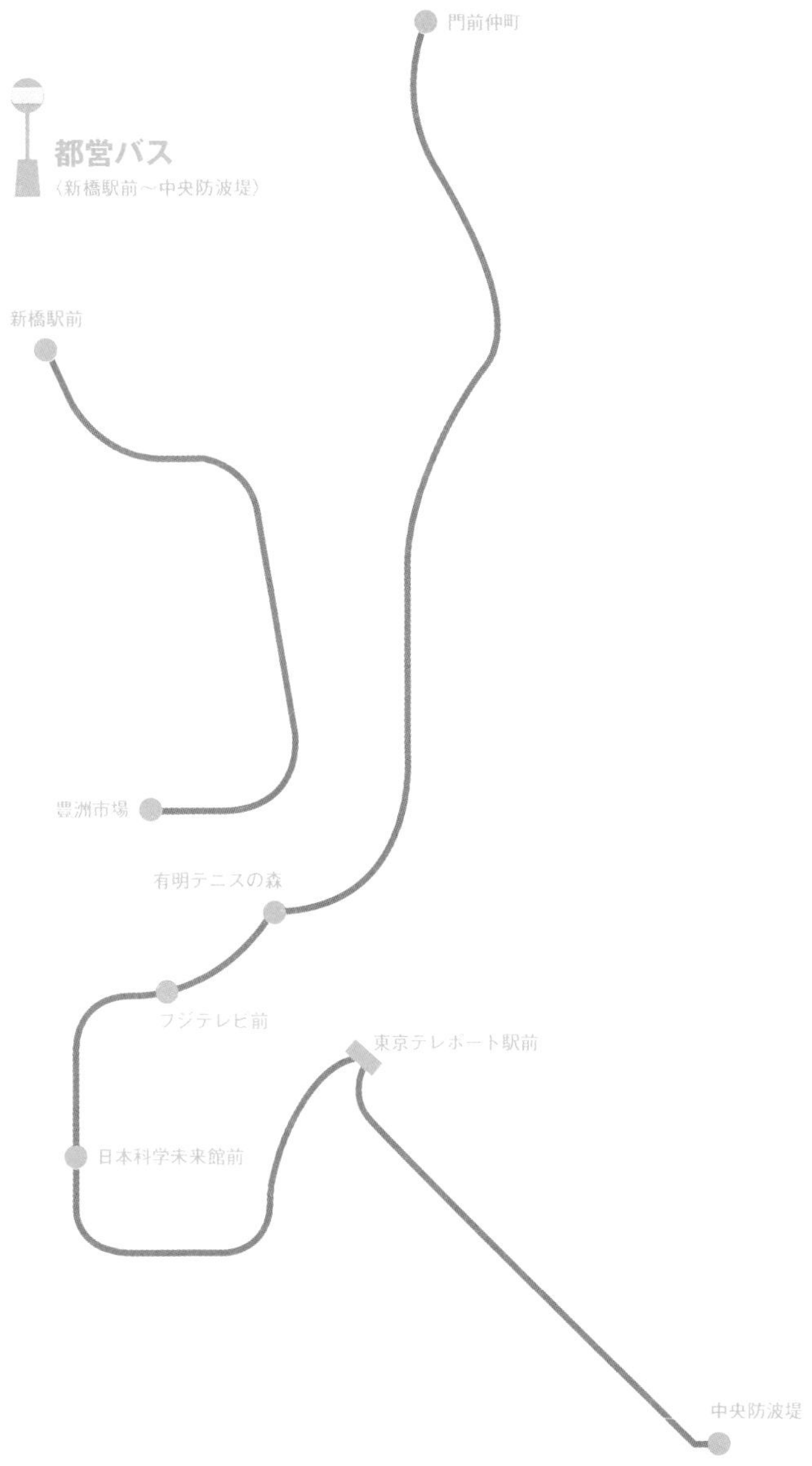

35

ウルトラの町から烏山の寺町へ

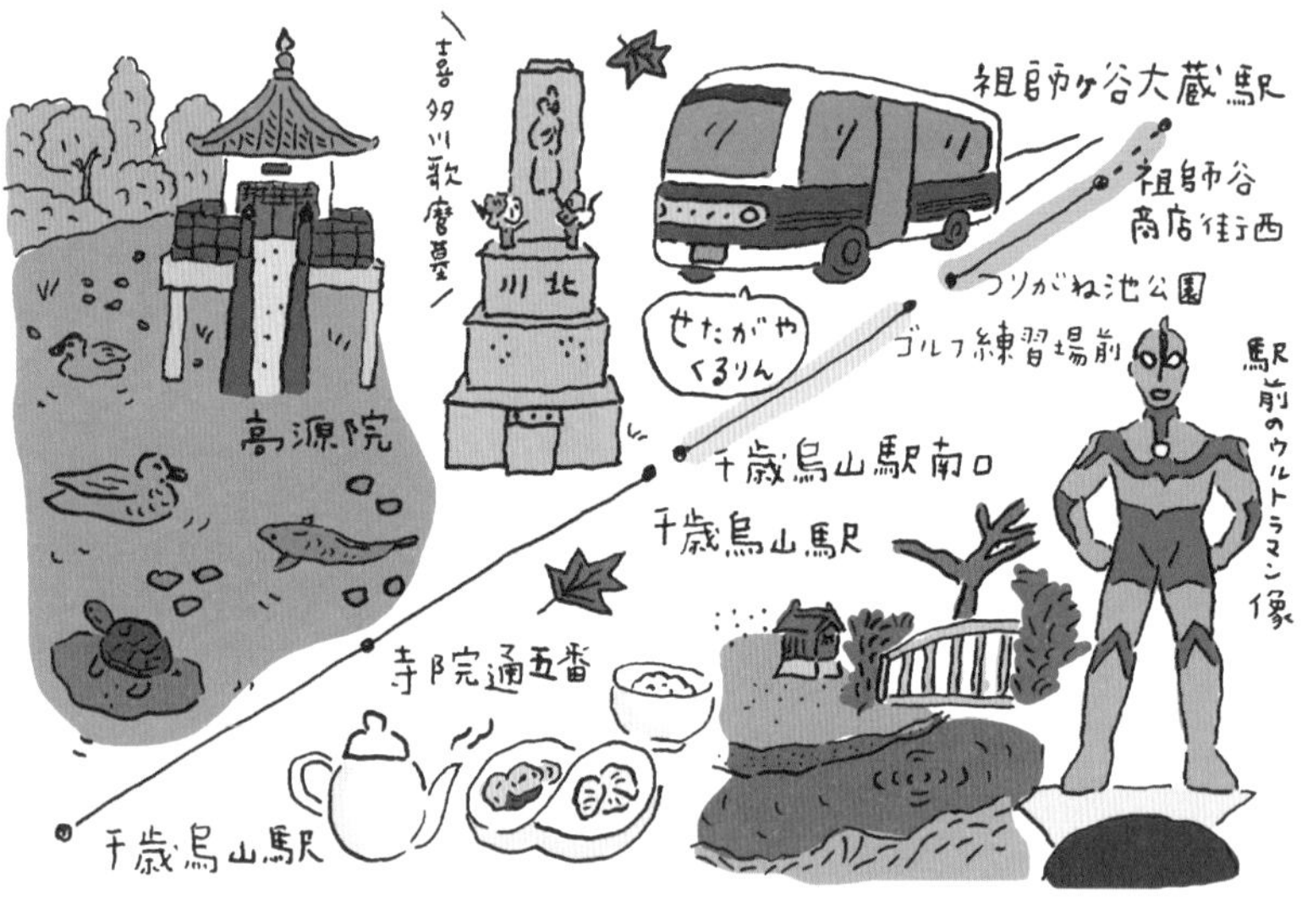

せたがやくるりん、小田急バス、関東バス

祖師谷商店街西→つりがね池公園（せたがやくるりん）
ゴルフ練習場前→千歳烏山駅南口（小田急バス）
千歳烏山駅→寺院通五番（関東バス）

小田急線の祖師ヶ谷大蔵の駅前にはウルトラマンの像が立っている。ここにウルトラマン像が存在するのは、駅の南方に制作元の円谷プロダクション本社があったからだ。ゆかりの円谷プロは引っ越してしまったけれど、駅のホームでは電車が着くたびにウルトラマンのテーマジングルが流れ、また駅周辺を囲む三つの商店街の総称として「ウルトラマン商店街」と名付けられている。

そんなウルトラマン商店街の通りを小さな小田急バスが走っている。今回最初に乗るのは「せたがやくるりん」の愛称が付いたこの路線。祖師谷通りを北上して、成城学園の方をぐるりと巡回してくるルートだ。

祖師ヶ谷大蔵駅前のシンボルになりつつあるウルトラマン像。© 円谷プロ

ウルトラマン像のすぐ前に乗り場があるのだが、一つ先の「祖師谷商店街西」の停留所でバスを待つ。やがて狭い一通路を駅の方からバスがゆっくりとやってきた。いまでも道幅ぎりぎりの感じだけれど、昔はこの道で車がすれ違っていた。手元にある『写真で見る高度成長期の世田谷』（世田谷区立郷土資料館・刊）という写真集に、「烏山」とか「岩崎学生寮」とかの方向幕を掲げた小田急のボンネットバスが小型トラックなんかとすれ違っている昭和36年（1961年）のスナップが載っている。この2年後にバスは廃止されたようだが、ある意味高度成長期の

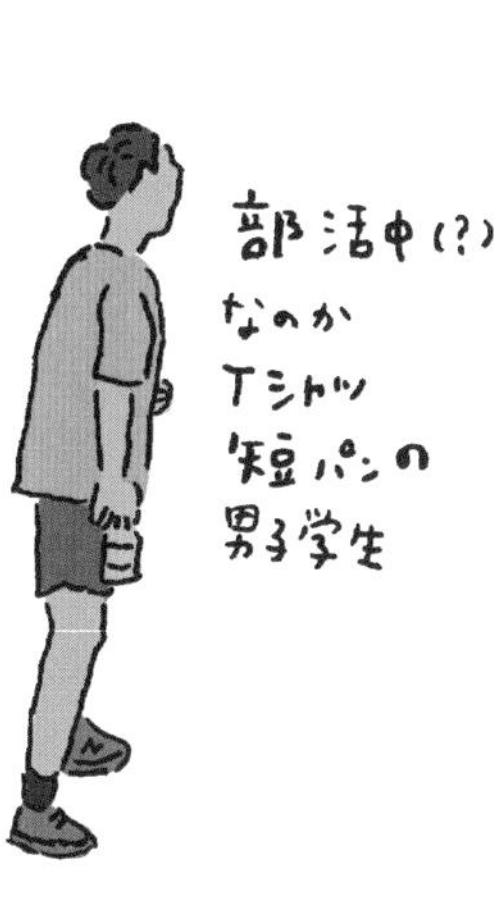

著者（泉）好みの狭い商店通りを小田急の小型バスがやってきた。

エネルギーを感じる写真である。ちなみに「岩崎学生寮」というのは鹿児島の岩崎産業の創始者が上京した学生を対象に始めた奨学制の学生寮で、いまも北烏山に存在する。

乗車した小型バスは年配の客で混み合っていた。車窓右側に見える「木梨サイクル」は、ご存知、とんねるず・木梨憲武の御実家。そういう個人商店がまだぽつぽつと見受けられるので、「昔からあまり変わってないんだろうね……」なんて雑談を僕らが交わしていたところ、「それが最近けっこう変わるのよ」と、すぐ横席のおばあちゃんがボソッと茶々を入れた。

バスは塚戸南の先で左手の一段と狭い路地に入っていく。あたりはもはや住宅街だが、昔の納屋などを残した農家の面影のある家も見える。「つりがね池公園」のバス停で降車すると、南方に細長い池を中心にした緑地公園がある。池畔に弁財天が祀られているが、昭和30年代頃までは田端の一角の窪地に湧いた、ただの草深い池沼だったようだ。昔の地図には「鐘池」と表記されているが、一応こんな伝説があるらしい。「日照りに苦しむ村民のために僧侶が釣鐘とともにこの池に身を沈め雨を乞うた」

古池によくあるタイプの伝説ともいえるが、実際戦前の頃はここで雨乞

住宅街のなかに武蔵野の面影を仄かに残すつりがね池。

モンベル
仙川沿いをウォーキングするモンベルずくめのおじさん
モンベル

いの神事が行われていたという。しかし、いまどきは公園入口に掲げられたこんな注意書きが目にとまる。

「犬の放し飼い、ブラッシングは禁止」

〝放し飼い〟禁止の警告はよく見るけれど、〝ブラッシング〟というのは珍しい。なんだかいかにも世田谷の高級犬を思わせる。

西方に歩いていくと、やがて仙川に行きあたる。川の向こう岸の町名は成城で、とくに下流側には由緒正しきお屋敷街が形成されている。今回、そちらの5、6丁目の方までは足を延ばさないけれど、この辺の7、8丁目あたりはハイソなマンションとカジュアルなファミレスなんかが混合している。デニーズもあれば、サクラビア成城というバブル期に鳴りもの入りで誕生した高級高齢者向け住宅もある。僕らは、どことなく成城らしい「ゴルフ練習場前」なる停留所で次のバスを待った。成城ゴルフクラブという、いかにもリッチ感漂うゴルフ練習場の前だが、ここもすぐ隣に百円ショップのダイソーがあって、しかも駐車場を共有している。

乗車したバスは千歳烏山駅南口行き。先の「くるりん」よりは大きな〝中型バス〟のクラスだが、この路線も仙川を渡ったあたりから昔の世田谷らしい狭隘なくねくね道を進む。榎、榎北なんていう田舎じみたバス停を通過して、千歳烏山駅の南口に到着した。時刻は11時半近く。来たバスルートを少し後戻りした、南烏山のバス停先にある四川中華「広味坊」でランチをいただくことにしよう。

この店、行きがけにスマホでササッとチェックして決めたところなのだが、アタリだった。5タイプほど用意されたランチ定食（もちろん単品のメンやメシもある）のうち、僕が味わった「梨の肉巻き酢豚」というのは、スティック状の梨を豚バラ肉で巻いた、黒酢系の酢豚……といった風のもので、シャキッとした梨の食感といい、味といい、ちょっと経った頃にまた食べたくなるような魅力がある。おそらくここの看板メニューの一つなのだろう。

「広味坊」は烏山、祖師谷、仙川などに店を出す成城近隣の名店と聞く。

駅南口横の〝開かずの踏切〟的な踏切を渡って（すぐ脇に地下道もある）北口へ出ると、まもなく旧甲州街道と交差する。これから乗る寺町の方へ行くバス、久我山病院行きはこの旧甲州街道沿いのバス停にやってくるのだが、まだ少し余裕がある。あたりをちょっと行ったり来たりしてみたが、甲州街道の旧道とはいえ、趣のある昔の建物がほとんど見られ

ないのが残念だ。ただし、芦花公園の方から、烏山下宿、中宿、なんていう名がバスの停留所に残されているあたりが唯一の古街道風情といえるかもしれない。
今回、ずっと小田急バスに乗ってきたが、ここから乗車するのは関東バス。幼児座席付買物自転車ばかりがぎっしり停まった料理屋（どうやらなかで若いママさんグループの忘年ランチ会が催されていたよう）前の停留所（千歳烏山駅）から、目当ての久我山病院行きのバスに乗ると、このバスは僕らが南口の方から歩いてきた道の続き、〈烏山交番横通り〉のアーチ看板を掲げた通りを一直線に進んでいく。甲州街道の新道（烏山バイパス）を突っ切った先から道幅は狭まって、一通路となって、寺町の領域に入る。寺院通一番、寺院通二番、寺院通三番……と、独特の名前の停留所が続く。車窓両側にほぼお寺とその木立しか見えない感じは、東京のバスルートでは珍しい。京都の路線バスに乗っているようだ。寺名義バス停の最後、「寺院通五番」で降車して、後戻りするように沿道の寺を散策した。

寺院通りの一通路をゆく関東バス（上）。京都郊外を思わせるような野趣に富んだ寺が並ぶ（下）。

北烏山のこの一帯にお寺が集まったのは関東大震災の後のことで、昭和10年代にかけて

烏山寺町観光のハイライト、高源院の弁天池。

寺町が形成された。いまは周囲に住宅地が押し寄せているが、昭和30年代くらいまでの地図（地形図）を眺めると、田畑のなかにぽつんと島のように卍の記号が集まっている。

いくつかの寺に立ち寄ったが、まず建物で目にとまったのは妙寿寺の門から近い所にある客殿（庫裡《くり》）。これは麻布の狸穴《まみあな》にあった鍋島邸（渋谷・松濤の地主で知られる）の屋敷を譲り受けたもので、堂宇とはまた違った趣を漂わせている。

この界隈の寺はほとんどが震災で焼けて下町方面から移ってきた経緯をもっているのだが、浅草から移動してきた専光寺には浮世絵師、喜多川歌麿の墓がある。「北川」と本名の字が刻まれた墓石は、指示板がなければ見落としてしまうような質素なものだが、小中学生時代に切手を集めていた僕は、歌麿というと〝お宝〟の1枚だった「ビードロを吹く娘」の切手を思い出す。

烏山寺町で随一の景勝を誇っているのは、寺院通五番のバス停からも近い高源院だろう。この寺にはもう何度か立ち寄っているけれど、境内の広々とした池の真ん中に朱塗りの弁財天堂が出島のように突き出した景色が素晴らしい。池は弁天池、あるいは各種の鴨が飛来するので鴨池とも呼ばれているが、弁財天が祀られた出島の所から池辺をよく見ると、カモよりもカメが目につく。それと、ドバト。

僕らが出島の橋を渡り歩いているとき、弁財天堂の屋根上に1羽のドバトがまるで鳳《ほう》凰《おう》のポーズを意識したように止まっていた。

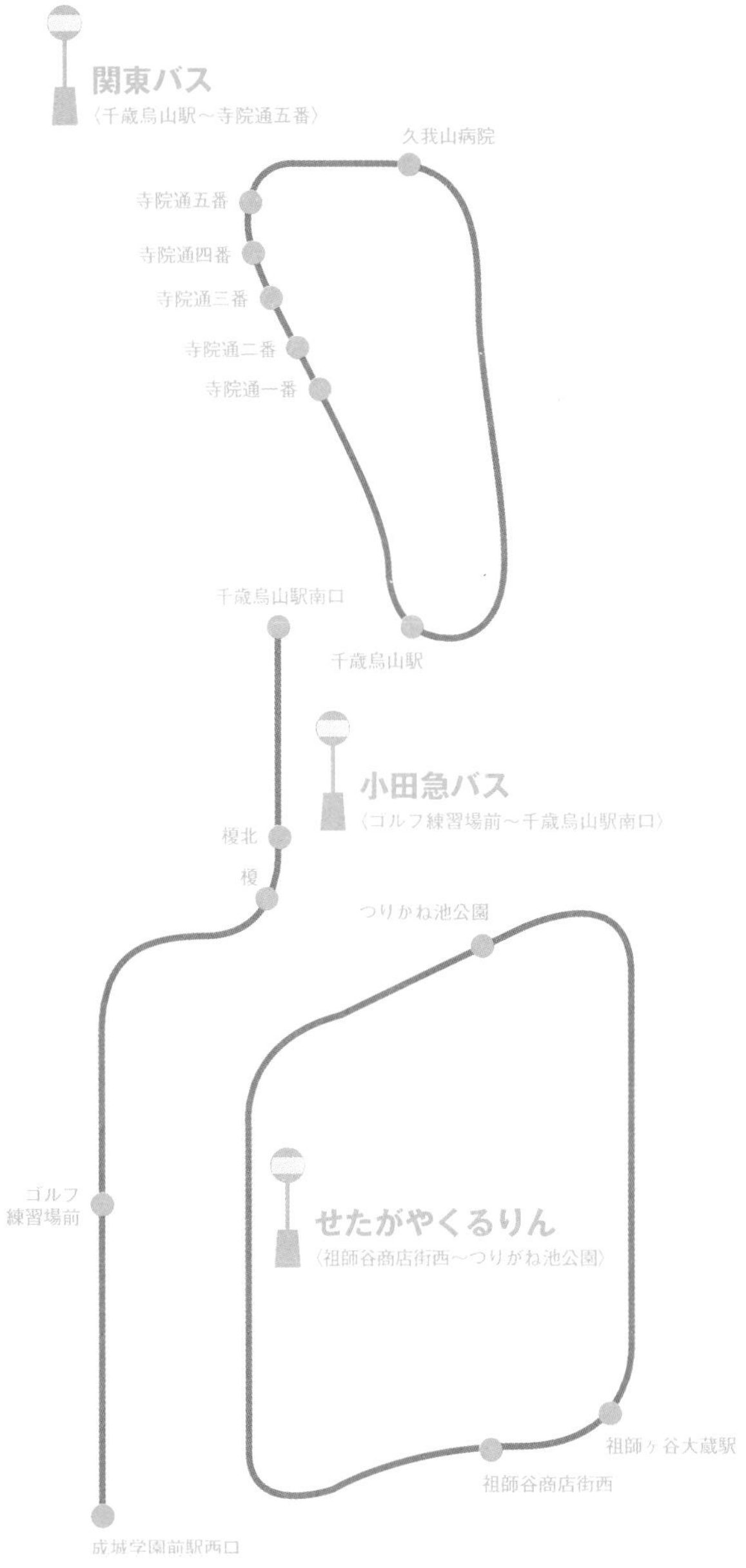

36

浅草、上野の裏町をぬけて

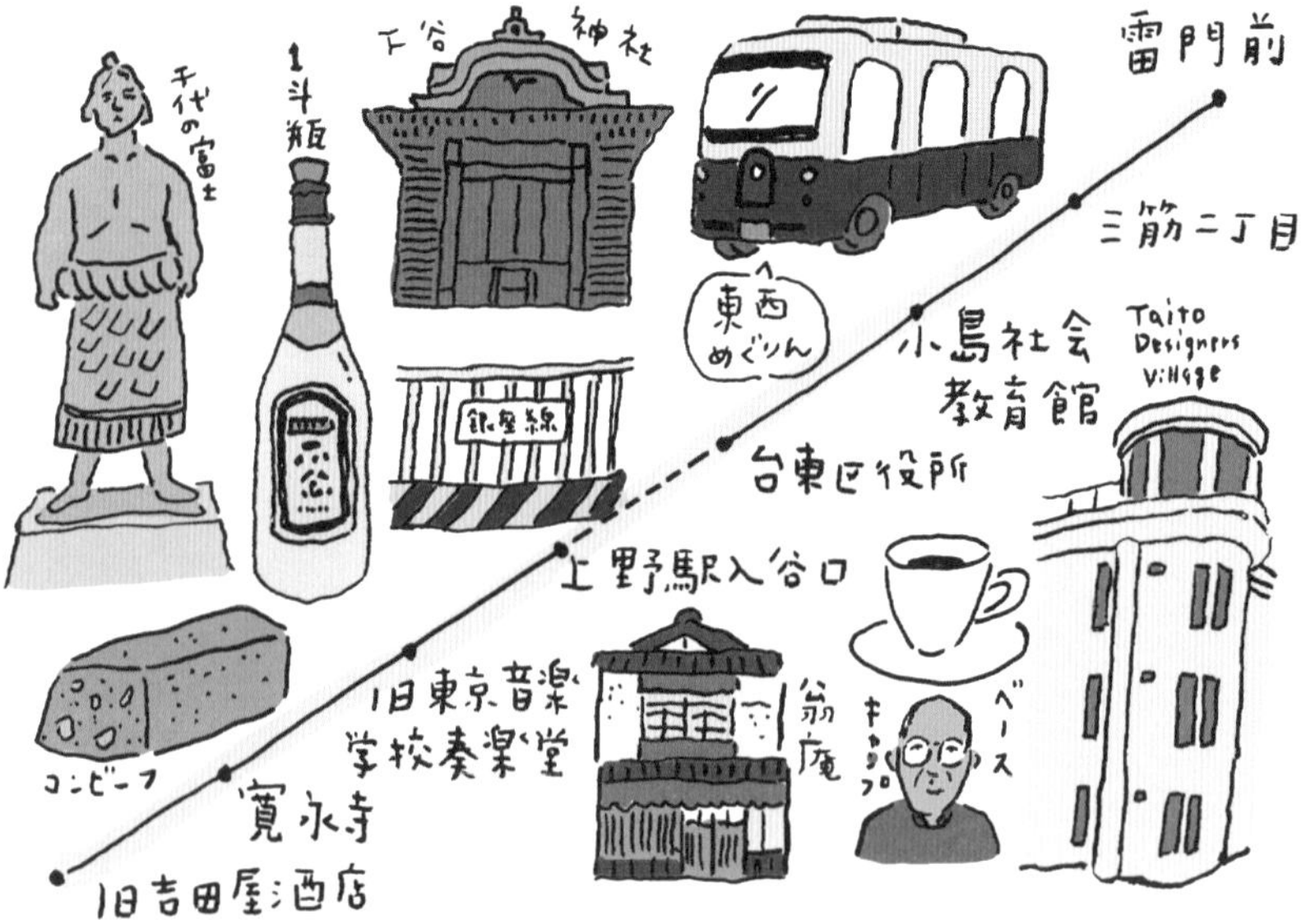

台東区循環バス

東西めぐりん

台東区内を走るコミュニティーバス「めぐりん」には、以前北部を循環する路線に乗って今戸や千束、根岸あたりを巡ったことがあったけれど〈前巻・15話〉、今回は〈東西めぐりん〉というルートにトライしてみようと思う。上野を中心に東は浅草、西は谷中の方へ行くルートなのだが、浅草の雷門前から出発することにした。

雷門を背にした文化観光センターの横っちょに乗り場がある。前に今戸の方へ行くときに乗ったバス〈北めぐりん〉は赤と深緑のツートンカラーだったが、この〈東西めぐりん〉のバスのカラーはワインレッドとクリーム色のコンビネーションだ。

浅草の裏町を走る〈東西めぐりん〉。

一旦浅草通りに出たバスは、すぐに駒形から寿町の裏道へと入っていく。ビルの狭間にまだぽつぽつと古い2階屋の商店が見られるけれど、このあたりも近頃、小型のホテルが目につくようになった。それほど外国人観光客が増えているということだろう。

「三筋二丁目」で途中下車、バス停のサブネームに付いている「台東デザイナーズビレッジ」を訪ねる。昔の小学校の校舎をデザイナーやクリエイターの創業支援施設として活用したもので、各教室が服やアクセサリーのアトリエなどに使われている。ひと頃のNHKの朝ドラ（「半分、青い。」）でも、ここをモデルにしたと思しき場所が登場した。この校舎（旧・小島小学校）、関東大震災後の昭和3年

上野駅の東口、ビルの間で昔ながらの佇まいを見せる「翁庵」。

（1928年）竣工という、いわゆる震災復興建築のモダンな建物で、円筒型の塔屋が付いた佇まいなどは〝下町の銀座泰明小学校〟といった感じだ。

周辺にもアートな小物屋など見受けられるようになった小島の界隈を歩いて、次の停留所（小島社会教育館）からバスに乗ろうと思っていたら、道の向こう側になじみのある佐竹商店街の入り口が見える。〝日本で2番目に古い商店街〟なんてキャッチフレーズを付けた、明治31年（1898年）に誕生したという歴史ある商店街だ（ちなみに、一番古いのは金沢の片町商店街とのこと。ま、説はいろいろあるのだろうが……）。新御徒町駅の方までずっと続いているアーケード街なのだが、すぐそこの入り口にある「ベースキャンプ」って喫茶店（主体は珈琲豆屋）は贔屓の店。店先から覗いてマスターと夫人にあいさつすると、「珈琲でも一杯」となかに招き入れられた。

テーブルの脇の壁に、この辺でロケをしたと思しきTVドラマ版「ど根性ガエル」の俳優陣のサイン色紙とともに、2006年3月の日付を記した僕の色紙も掲げられていたが、そうだ！ 13年前に東京新聞「東京どんぶらこ」欄の街歩きエッセーでこの店をぶらりと訪ねたときが最初だったのだ。

東上野の界隈には、ちょっと謎めいた店も。

再乗車したバスを「台東区役所」で降車、散策は後回しにして上野駅東口の浅草通りの入り口に建つ「翁庵《おきな》」で昼食を取っておこう。創業明治32年（1899年）という老舗の蕎麦屋、いまの建物は戦災後の建築というけれど、天井が高くて、仄暗い、昔ながらの正しいおそば屋さんだ。寄席の多かった町らしく、志ん生、志ん朝、小さん……壁に昭和の名噺家の趣のある色紙が飾られている。ここに来ると、食べたくなるのが、「ねぎせいろ」。

ねぎせいろといっても、つゆにねぎの刻みをぶっかけただけのよくあるせいろそばではなく、鴨せいろで付くような温かいつゆにねぎばかりでなくイカゲソのかきあげが浸っている。かきあげせいろ、と銘打ってもいいような、850円の値にしてはかなりお得感のあるねぎせいろなのだ。

「翁庵」の定番、ねぎせいろのファンは多い。

翁庵を出て下谷《したや》神社へ向かった。由緒あるこの神社の周辺は年季の感じられる看板建築の家がよく残っている。手元に〝戦災焼失区域〟を赤い色付けで表示した東京の地図帳があるのだが、空襲がひどかった上野や浅草地区のなかで、当時「南稲荷町」の名が付いた下谷神社の周辺は赤色の焼失表示がないから戦前からの建物も多いのかもしれない。

台東区役所裏の東京メトロ検車区と踏切。

表通り（浅草通り）に出て、銀座線の稲荷町駅の入り口に残された、クラシックな上屋を眺めていこうと思っていたら、あれ？　あのモザイクスタイルの渋い上屋、いつしか改築されてしまったのだ……（片側は復刻されたが昔の趣はない）。その稲荷町駅入り口の北側に建つ永昌寺は、大河ドラマ「いだてん」の重要人物のひとり・嘉納治五郎が講道館を立ち上げた場所。

講道館発祥の碑を眺め、先の台東区役所の方へ歩いていくと、区役所北方の路地に地下鉄銀座線の〝踏切〟がある。横の検車区に出入りするために設けられた踏切で、反対側のフェンスの奥には〝地下鉄が出入りする穴〟が確認できる。

その先の昭和通りを横断していくと、上野駅の入谷口がある。これまで出入りしたことのない地味な駅の口だが、この前の停留所に谷中の方へ行く〈東西めぐりん〉がやってくる。待っていると、すぐ目の前にある岩倉高校の外壁に〈柔道インターハイ優勝〉とか〈吹奏楽コンクール金賞〉と

か、スポーツや音楽の部員を讃える垂れ幕がいくつも掲示されていた。ここ、昔は鉄道学校だったはずだが、校風は随分変わったのかもしれない。

こちら方面のバスのコースも面白い。JRの線路端をぐぐっと後戻りするように坂道を上って両大師橋を渡り、上野公園の領域に入る。左手に国立科学博物館、右手に東京国立博物館を見て、このまま谷中の方までバスに乗っていこうと考えていたのだけれど、保存された京成の旧博物館動物園駅の上屋に何かのオブジェが展示されているのが、車窓越しにちらりと見えた。「寛永寺」の停留所で降りて引き返すと〈アナウサギを追いかけて〉という展覧会で、入り口に垣間見えたのは、逆さ吊りにしたウサギのオブジェだった。

旧博物館動物園駅の上屋に展示されていたウサギのオブジェ。（現在は終了）

バスに再乗車して、谷中の町の玄関口、「旧吉田屋酒店」の所で降車。町のシンボルのような役割も果たしている吉田屋、初めからここに建っていたわけではなく、現役時代はもう少し墓地の方へ入っていった谷中茶屋町で営業していたらしい。この吉田屋よりは少し後の時代の建物（大正3年〈1914年〉築）になるが、向かいの喫茶「カヤバ珈琲」も谷中を代表する観光スポットになっている。いまは若い人が店をやっているけれど、15年かそこら前までは榧場《かやば》さんというおばあちゃん（もうひとり、サポートの年配女性がいた）が店を仕切っていた。珈琲とココアをミックスした、「ルシアン」という名物メニューがあったはずだ。

玉林寺の千代の富士像。

カヤバ珈琲の前をゆく赤黒カラーの〈めぐりん〉。

昔ながらの素朴な石屋や花屋が並ぶ、谷中墓地の門前まで行って、谷中6丁目の寺町の路地に入り込んだ。パン屋の前にヒマラヤスギの老木が立ったY字路から塀の隙間のような細道を通って急な石段を下ると、傍らの草深い道端に古井戸がぽつんとあったりする。そうか……この井戸、何かの散歩番組で観たおぼえがあるけれど、こんな所にあったのか。

その先の民家のフェンスに、ホオズキを小さくしたような赤い実をつけた草が巻きついている。

「フウセンカズラですね」

以前、神代植物園（前巻・9話）でも活躍した植物通のT君が即座に回答した。千代の富士の像が建立された玉林寺という寺の境内をぬけて、藍染川の跡道に出てきた。

巣鴨の染井墓地の方から流れてきて不忍池に注いでいた小川だが、この付近には藍染をする染物屋が多かったことからその名（藍染町の町名もあった）が付いた。沿道にある染物の「丁字屋」は当時からの店なのだ。北上すると、道はやがて「へび道」の俗称をもつクネクネの湾曲路になる。大まかに数えていたが、S字カーブが20余り続いただろうか。

三崎《さんさき》坂の道を横断すると、〈よみせ通り〉の掲示が現れて、にぎやかな

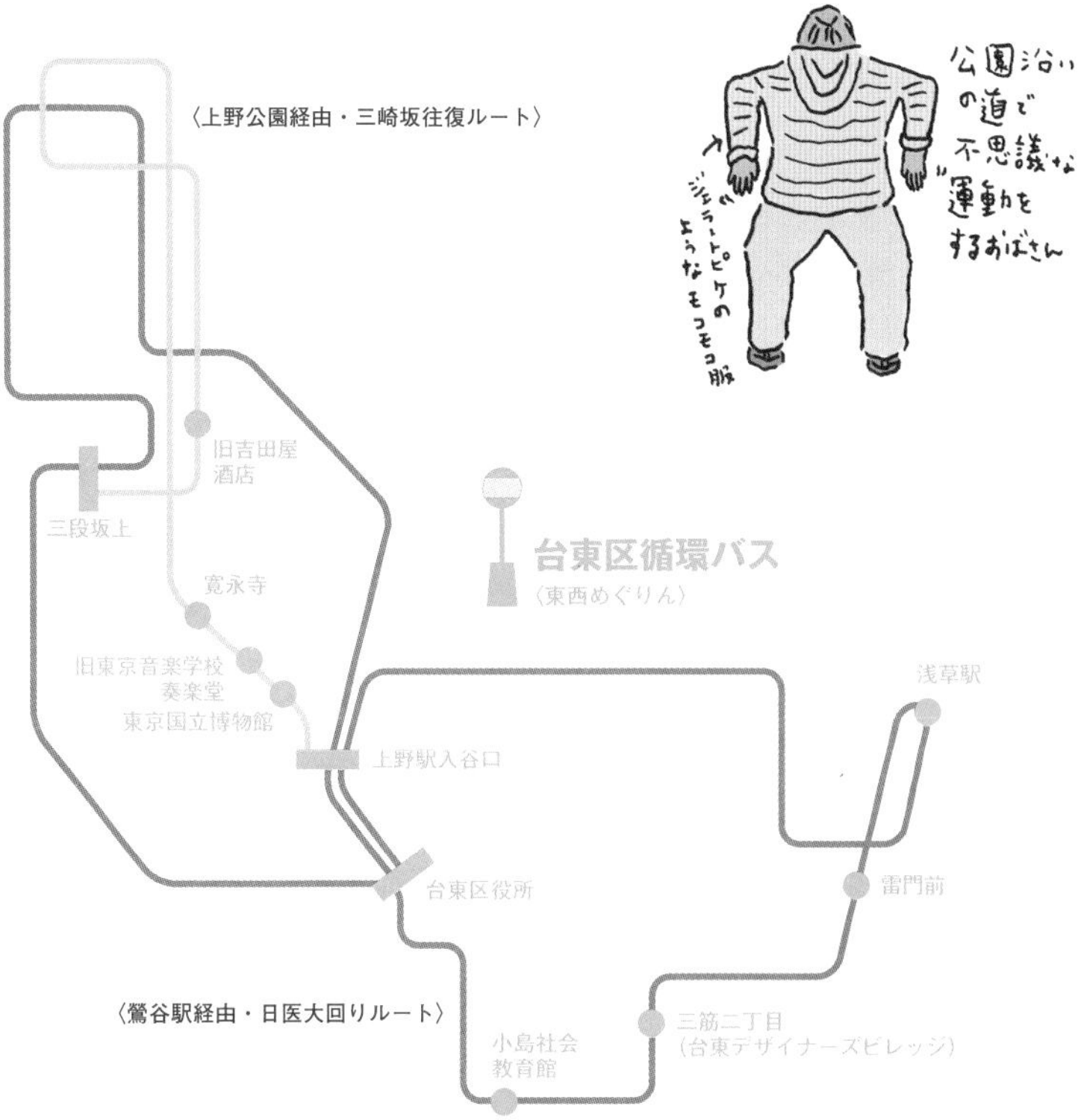

商店街が始まる。ここまで歩いてきてしまったが、この通りも先の〈東西めぐりん〉のバスが走っている。「よみせ」の名のとおり、傍らに飲み屋横丁も見受けられるが、さすがにまだその種の夜の店は開いていない。沿道にあるコシヅカ（腰塚）というハム（肉）屋は地場の名店。とりわけ、ここの〝味の良い牛脂たっぷりのコンビーフ〟は一度食べると病みつきになる。惜しくもコンビーフは売り切れだったが、それが入ったサンドウィッチとキッシュをみやげに買った。

37

稀勢と大仏と落花生の里・牛久

関東鉄道、コミュニティバスかっぱ号

牛久駅東口→牛久大仏→奥野中央（関東鉄道）
女化東→牛久駅東口（コミュニティバスかっぱ号）

割と可愛らしい
稀勢の里の手形。

常磐線に乗って牛久にやってきた。この連載、東京周辺の県も何度か訪ねてきたが、茨城は初めてだろう。

牛久のバスに乗ろう、と思いたった一つのきっかけは、先頃（2019年1月）引退したこの町出身の横綱・稀勢の里。改札を出た先にさっそく「郷土の誇り　ありがとう横綱稀勢の里」と幕が掲げられ、銅像こそまだなかったけれど、東口の駅前ロータリーの一角には手形のレリーフが置かれていた。ぽちゃっとした形がいかにも稀勢の里らしい。

さらに、牛久といえばやはり大仏の見物だ。ここでは以前、板橋の東京大仏を訪ねているが（前巻・17話）、牛久大仏は高さ120メートルというギネスにも認定された〝世界最大〟を誇っている。

東口ロータリーの牛久浄苑行きのバス乗り場には〝大仏の顔写真〟が看板のように掲示されていた。われわれ以外の乗客は中高年の夫婦風が2、3組で、僕のすぐ後席の男女は関西弁で東京名所の話題をやりとりしている感じからして、西から来た観光客と思われる。僕はにぎやかな関西人の会話を聞き流しながら車窓風景に目を向けていた。

市街地が途切れた先に〈金は農協〉なんて看板を掲げた大谷石の蔵が垣間見え、やがて黒瓦屋根の立派な屋敷が並ぶ農村集落の景色になった。

「岡見下宿」、なんて名のバス停からして、旧街道の古集落なのだろう。そうかと思うと、「小坂団地」なんていう集合住宅もあり、そのうちまた延々と田園風景が広がるようになって、木立の向こうに忽然と牛久大仏がその姿を現した。

「ふぁ〜やっぱり大っきいわぁ」

「そりゃ、世界一やもんな」

後ろの関西カップルが盛んに感動の声をあげている。

「牛久大仏」のバス停で降りると、停留所のプレートと停車したバスを手前にして、ちょうど向こうに正面を向いた大仏が聳《そび》え立っている。おもわずカメラを向けたが、あいにくの曇天で、灰黒の大仏が空にぼんやり霞んでいるのが残念だ。両側に植え込みや池が配置された一直線の参道を進んで、正面の真下から大仏を仰ぎ見る。

裏側に設けられた出入り口から仏像内に入場した。下層にもいくつかのコーナーが設けられているようだ

牛久大仏――見上げるとやはりデカイ！ 胸の３本のタテ線のあたりが展望フロアー。

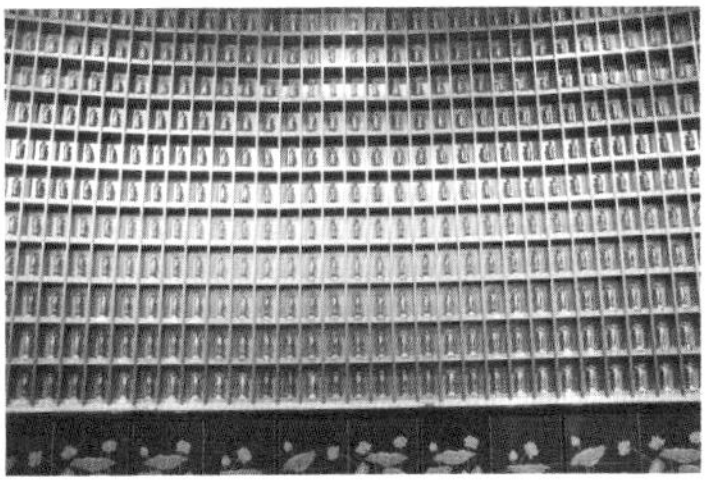

大仏内にずらりと配置された檀家各人の仏像。

が、まずエレベーターで最上の５階に昇ると、ここが高さ85メートル地点の展望フロアー。大仏の胸の高さにあたる。もう少しがんばって、目のあたりまで行きたい気がしないでもないけれど、いろいろ安全上の問題などあるのかもしれない。

タワーのように広い窓を設けるわけにはいかないから、狭い視界からの展望ということになるが、天気の良い日には筑波山、霞ケ浦、東京スカイツリーや富士山まで眺望できるという。

取材日は天候がすぐれなかったので、展望はほどほどにフロアーの壁に目を向けると、大仏完成までの建設工程が段階的な写真入りで解説されていて、これがなかなか面白い。その大きさを自由の女神や奈良の大仏、さらに国会議事堂とまで比較した図解が微笑ましかった。この大仏、私営のメモリアルパーク会社なんかが宣伝目的で建てたものではなく、歴とした浄土真宗東本願寺派が隣接する霊園（牛久浄苑）のシンボルとして設置したものなのだ。

１９８６年から建設が始まって、92年12月の完成というデータを見ると、つくば博とバブルの時代の勢いが想像される。

下層階の３階には「蓮華蔵世界」と名付けられて、檀家個人の金色仏像

（胎内仏、と呼ばれる）をずらりと配置した供養スペースがある。分骨を収納する場所もあるらしく、つまり、ここがお墓の役割も果たしているのだ（もちろん外に広大な浄苑はある）。

当初乗る予定のバスを逃して、次のバスまで時間があるので、ミヤゲ物屋の筋で「バクダン焼（たこ焼きとお好み焼きを合体したようなやつ）」なんぞをつまみつつ時間を潰していると、こういう所にも稀勢の里の大きなポスターが張り出されていて、地元の人に深く愛されていたことがよくわかる。牛久大仏に稀勢関を重ねて眺める人もいるのかもしれない。

来るときに乗ったバスの反対方向、牛久駅東口行きに乗車して、「奥野中央」という停留所で降りた。この少し南方に正直町――そのまま「ショウジキ」と読む――ってのがあって、以前クルマで通りがかって、その面白い名のバス停写真を撮ったことがあった。いまもバスは通っているようなのだが、ともかく本数が少ないので歩いて行くことにした。

しかし、ちょうど歩きはじめたときに雨が本降りになってきた。コンビニで調達したビニール傘をさして、林間の坂道を１キロほど行くと正直町の道路表示板が出た交差点に差しかかった。いまはコミュニティーバスだけになった、可愛らしい正直町の停留所をカメラに収めて、先刻バスで通りがかった小坂町へ向かって歩くことにする。有吉弘行がやる「正直さんぽ」ってＴＶ番組があったはずだが、この数軒ばかりの集落にどんな正直者が暮らしているのだろう。林と田んぼ、荒れた湿地が遠方まで続いているが、歩いているこの道は昔の鎌倉街道にあたる幹線道路のようで、トラックがけっこう頻繁にやってくる。

コミュニティーバスの正直町バス停にて（この路線バスは取材後廃止された）。

牛久大仏の「バクダン焼」の店で入手したリーフレットの絵地図を見て、せいぜい30分かそこら歩けば目的のバス停に着く……と高をくくっていたら、大きな誤りだった。

「あと2キロちょっとあるみたいですよ」

かなり歩いてきたところで、スマホで確認したスタッフに言われてガクッときた。ようやく「小坂団地入口」のバス停に着いたときには案の定バスは出て、次のバスまでまた1時間余り待たなくてはならない。ランチを予定している目当ての場所まであと2キロくらいのようだから、もうひとがんばり歩いてしまった方が早いだろう。

ここから乗る予定だった「かっぱ号」というコミュニティーバスのルートをなぞるように田舎道を歩く。途中、電線鉄塔が立つ畑地の一角に出くわしたとき、向こうの山陰から巨大な牛久大仏がゴジラのようにずしずしと進んでくる光景をふと思い浮かべた。

さて、めざしていた地は「女化」という。女（おんな）の「ん」をぬいて読みは「オナバケ」だが、これも「正直」とはまた毛色の違う印象的な地名だ。女化の地の源は「女化神社」というお稲荷さんのようだが、もう2時を過ぎて腹がぺこぺこなので、神社参詣は後まわしにして、広いバイ

ピーナッツがたっぷり入った炊き込みごはん（左）と大きなピーナッツ看板が出た「楽花亭」（右）。

パス沿いにあるレストラン「そば茶屋　楽花亭」へ。楽花亭、というくらいにここは落花生（ピーナッツ）を生産している「いしじま」という食品会社（畑で元の落花生から栽培している）がやっている蕎麦屋さんで、玄関先に大きな落花生の立体看板が掲げられている。

これも自家生産しているという蕎麦も旨かったが、大きな実の落花生をふんだんに使った炊き込みごはんが格別だった。なんともいえない甘味がある。落花生というと千葉の八街《やちまた》あたりが名産地と聞いていたが、茨城のこの辺も生産農家が多いらしい（なかむら画伯の友人も、すぐこの近くで落花生を作っているという）。

食後、4、500メートル南方の女化神社に立ち寄った。野原のなかの参道口に「女化神社」と記した素朴な看板がぽつんと立ち、薄暗い木立の狭間に鳥居がいくつも続くアプローチからして妖しい雰囲気が漂っている。そして、社殿手前のキツネの石像は3匹の子を抱え込んでいる。

女化というのは、やはり娘や妻に化けたキツネの伝説に由来（恩返しネタの他、諸説ある）する地名のようだ。そして、周辺の女化の町は牛久市の領域なのだが、この神社の敷地だけは隣の龍ケ崎市馴馬《なれうま》町の飛び地になるらしい。馴馬というのも昔の城の名に付けられた物語めいた地名だ。

「女装趣味の人にも御利益あるかもしれないね」なんて冗談を一つ言ってから、社殿の前で手を合わせた。

　神社からは少し離れた「女化東」の停留所で牛久駅へ戻る帰路のバスを待つ。鬱蒼とした林に囲まれたこのバス停は、トトロの猫バスがやってきそうな環境だ。ちなみに、ここに来るバスはさっき乗りそこねた「かっぱ号」というコミュニティーバス。そう、牛久は西方の牛久沼（ここも地図上は龍ケ崎市の領域なのだが）にカッパ伝説があって、夏に盛大なカッパ祭りが催される。巨大仏に女化のキツネ、カッパ……実にファンタスティックな土地なのだ。

どことなく霊気漂う女化神社。

38

代官山、洗足　東急お屋敷街巡り

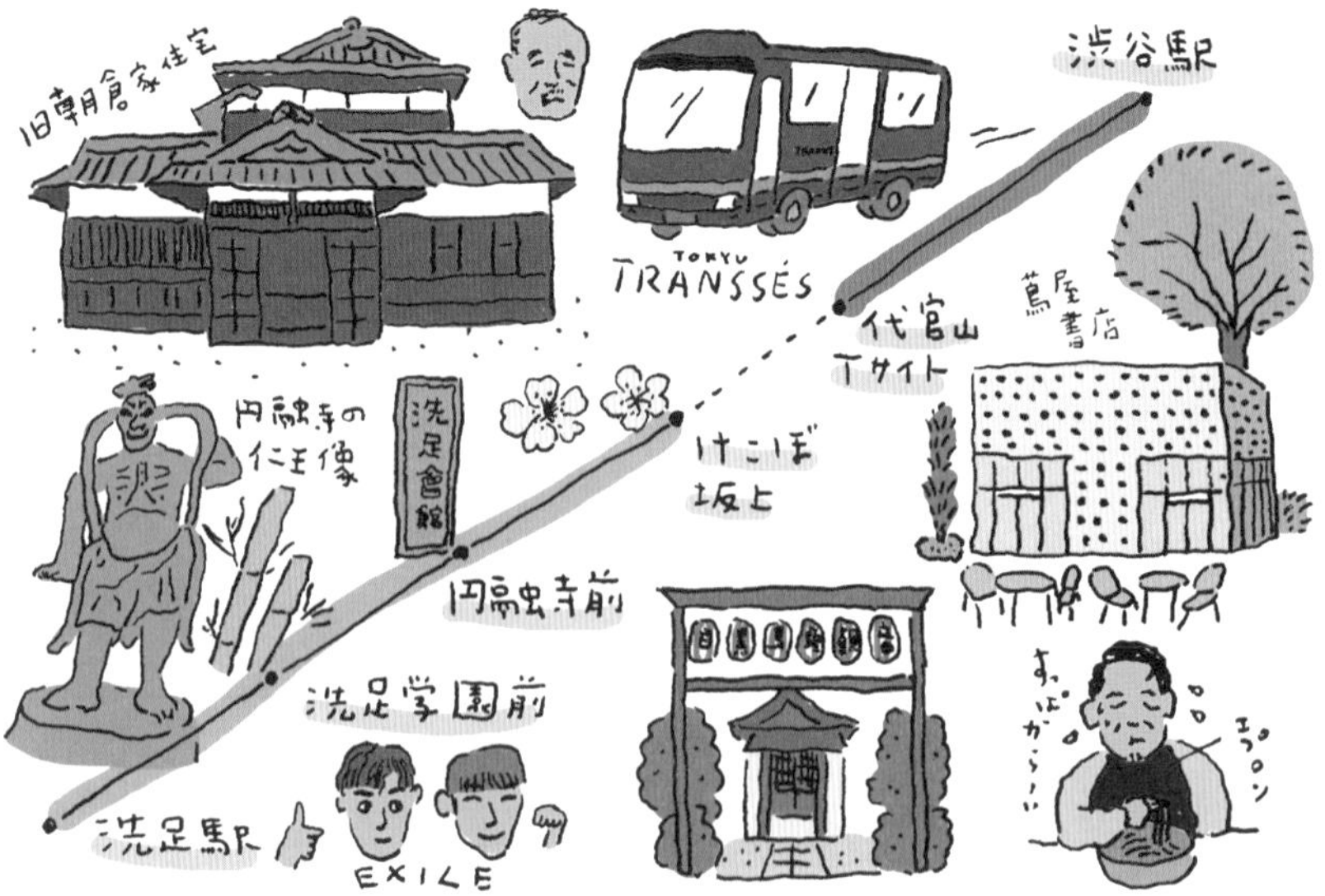

東急トランセ、東急バス

渋谷駅→代官山Ｔサイト（東急トランセ）
けこぼ坂上→洗足駅（東急バス）

前に渋谷の駅前からハチ公バスに乗ったことがあったけれど（前巻・20話）、渋谷の西口からはもう一つ「東急トランセ」というコミュニティーバスが出ている。代官山に仕事場があった頃に何度か利用したが、上品なワインレッドカラーのバスの運転士がいつも女性だったのが印象に残っている。今回はこのバスに乗って、まず代官山界隈を探訪したい。

西口南方の国道246号を渡る歩道橋の手前に乗り場がある。向かい側の旧東急プラザの工事現場（FUKURASの名で2019年12月開業）を眺めながらバスを待っていると、おや？　運転士はさっきのも僕らが乗ろうとしているのも男性だ。システムが変わったのかもしれない。

渋谷駅西口の南端から〈東急トランセ〉は発車する。

代官山方面へ向かうこのバスのルートはなかなか込み入っていて、〝バス乗り好き〟には面白い。発車してすぐに246を西進すると、道玄坂上の手前から左手の南平台の方へ入っていく。鉢山町交番の横の一通の路地をぬけると、旧山手通り手前の急坂に建つ「伊太利屋本社」なんてコアな停留所に止まる。その先で素直に旧山手通りを左折していくわけではなく、向こう側の青葉台の崖道を下って、西郷山公園脇のガード（西郷山トンネル）をくぐり、またさっきの伊太利屋本社前の所を通過してようやく旧山手通りに入った。渋谷台地端っこの起伏に富んだ地形を体感するには絶妙のバス路線といえる。

旧朝倉家住宅は大正時代建築の美しい日本屋敷だ。

「代官山Tサイト」の停留所で降りて、すぐ横の蔦屋書店をちょっと覗いていこう。ここもオープンしてもう7、8年になるが、初見したときは実に興奮した。3棟仕立ての2階建ての建物に書籍を中心にCD（アナログレコードも）やDVDのコーナーが独特のジャンル分けで配置されている。そして、いくつかのカフェスペースから漂ってくる、シアトル系の珈琲の香り。漢字書きの「蔦屋」特有の世界を造り出した。

代官山に仕事場があった当時、ちょっとした調べものをするのによく利用していたのが、2階の真ん中あたりにあるカフェラウンジ（三浦按針をオマージュして〝Anjin〟の名が付いていたはずだ）。そう、ここは壁際の広大な棚にアンアンやポパイ、平凡パンチ、フォーカス……主にシティー系の雑誌のバックナンバーが図書館ばりに陳列されているのだ。雑誌コレクションは社長の趣味、と伺ったが、僕のような〝近過去モノ〟を扱う書き手に実に重宝な場所だった。

ヒルサイドテラスの南側の目切坂の入り口に門を開《あ》けた「旧朝倉家住宅」は、10年ほど前から一般公開が始まったこの一帯の地主さんの旧居。門の向こうに見える、趣のある日本家屋は大正8年（1919年）建築のもので、都心部で関東大震災やB29空襲の被害を免れた大正前期の木造建築は珍しい。持ち主の朝倉家は明治時代より精米業を営んでいた家だが、そもそも江戸の享保〜元文年間の頃からの大地主で、いまも管理下にあるヒルサイドテラスの一帯はおろか、さっきバスでトンネルをくぐった西郷山（西郷従道の邸宅跡）あたりも朝倉家の土地だったという。

凝った襖絵、欄間、長押《なげし》などが見られる家のなかを見物してから、向こうの坂際の斜面へと広がる庭に出ると、木立の外れに精米屋時代の道具……とも推理できる錆びた金属の容器が置きざりにされていた。そのそばに認められる朽ちた溝の筋は、かつて旧山手通り側を流れていた三田用水から引き込んだ小川跡らしい。

朝倉家横の目切坂を巻くように下っていくと、左側に見える真新しい建物は新設された東京音大の代官山キャンパス。坂下のもうすぐ先は桜名所の目黒川だが、3月なかばの取材日はまだ開花にはちょっと早い。山手通り（環6）を渡って中目黒の駅裏から目黒銀座に入った。

目黒銀座の商店街の途中に〈目黒馬頭《ばとう》観音〉の提灯を出した、ネコ道のような狭い参道がある。そのどんづまりの馬頭観音は代官山に仕事場があった時代、なんとなく吸い寄せられるように立ち寄った。久しぶりにここを覗いて、表の目黒銀座で人溜まりのできていた四川系中華の店で酸辣湯麺《スーラータンメン》の昼食。しかし、この酸辣湯麺ってやつ、いつも〝字面〟を目にするだけで舌

目切坂側の庭越しに眺めた姿は湘南あたりの別荘を思わせる。

の奥脇のあたりからヨダレが滲み出てくるような感覚になる。

　さて、目黒銀座の通りの電柱に着目すると、商店広告の下に〈蛇崩《じゃくずれ》・伊勢脇通り〉の表示がある。蛇崩、というのはこの道をずっと行った先の古地名で、傍らを流れる川が蛇のごとくクネクネ崩れたような筋を描いていたのが由来という。伊勢脇はこの目黒銀座中心地あたりの昔の小字名で、伊勢の由来は駒沢通りの方へ行った先にある天祖神社。まぁ天祖の祭神は伊勢神宮の天照大御神だから、お伊勢様の脇ってことなのだろう。

　天祖神社の参道口は駒沢通りに面していて、すぐ目の前にこれから乗る洗足駅行きのバス停がある。このバス停の名が面白い。「けこぼ坂上」というのだ。

「けこぼ」というのは、ザラザラした荒れた状態をいう目黒の古い方言らしい。山手通りの側から上ってくる、昔の駒沢通りの坂道が赤土の玉がゴロゴロザラザラした悪路だったことからそんな俗称が根付いたという。

　ところで、この原稿を書きながら「けこぼ坂上」と検索すると、横にＥＸＩＬＥの岩田剛典の名を添えたものが表出される。

ふと入ってみたくなる目黒銀座脇の馬頭観音。

「けこぼ……」と口に出してみたくなるバス停だ。

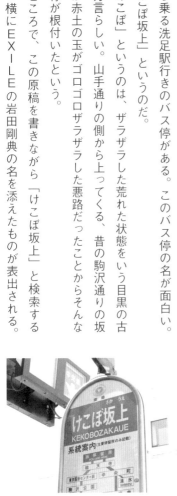

何か？　と思ったら、岩田剛典（ともう1人メンバーのＮＡＯＴＯ）がバス停すぐ横の人気のカレー店（「ＣＵＲＲＹ　ＵＰ」）のナレーションをする広告アナウンス（次は「けこぼ坂上」の案内も込みで）が洗足駅行きの東急バスの車内で一時期流れていたらしい。そうだ、先に歩いた中目の目黒川界隈はＥＸＩＬＥ関連スポットの密集地でもある。

渋谷駅から洗足駅に向かう東急バスはかなり古い路線だが、これも東急トランセと同じくマニア好みの〝いい道〟を走る。祐天寺の先から、昔の区役所があった中央町の横道に入っていって、狭い一通路から目黒通りに出たと思ったら、清水の営業所の脇から洗足方面へ続く旧道風情の通りを進んでいく。「月光原小学校前」なんていう、マンガに出てくる小学校みたいな停留所（月光町、原町という旧町名に由来する）を過ぎて、「円融寺前」でバスを降りた。

円融寺へ行く旧道をバスは走る。

横道の奥に見える碑小学校（イシブミと読む。碑文谷の碑が元だろう）裏手に広がる円融寺は平安時代の853年創建とされる天台宗の古刹だ。日蓮宗の法華寺だった江戸時代中期は蓮華往生のアトラクションめいたことをやったり、日附《にっぷ》という女性に人気の美男僧侶がいたりで、けっこう派手な観光寺として知られていたらしい。都区内最古の木造建築とされる釈迦堂も目を見張るが、南側の正門両側に建立された仁王像も見逃せない。黒漆塗りの2体の金剛力士像は、「碑文谷の黒仁王さん」

として江戸の寛政年間から市民に親しまれてきた。おそらく、前回行った牛久大仏的な観光物件だったのだろう。

お寺の傍らに竹林が残されていたが、この辺は昭和初め頃までタケノコの名産地だった（「すずめのお宿緑地公園」という竹林を保存した緑地もある）。

もはや学校自体は移転してしまった「洗足学園前」の停留所から再乗車して終点の洗足駅へ。地下駅になって東急目黒線の電車は見えないが、駅の真上の所にスポッと収まるようにバス乗り場が設置されている。この駅前、10年くらい前まで古渋い本屋とシマシマの看板灯を置いた昔ながらの床屋があったのだが、どちらもなくなってしまった。しかし、〈洗足いちょう通り〉の表示が出た駅前の並木道は、どことなく昔の郊外駅前通りの雰囲気が感じられる。

洗足住宅街の開発当初からあった洗足会館の表札。数年前まで建物も残されていた。

とくに「目黒信用金庫」というローカル風情の信用金庫が建つロータリーっぽい辻の所から、品川区側の小山7丁目にかけてのマス目状の区画は大正の震災直前、五島慶太率いる田園都市株式会社が宅地分譲を始めた当初の面影が残っているエリアだ。洗足は東急電鉄の前身である目黒蒲田電鉄（現・目黒線）の敷設とともに、田園調布より先行して開発された、東急沿線高級住宅街の元祖なのである。

目黒区洗足と品川区小山の区境の道を歩いていくと、目黒線の際の角

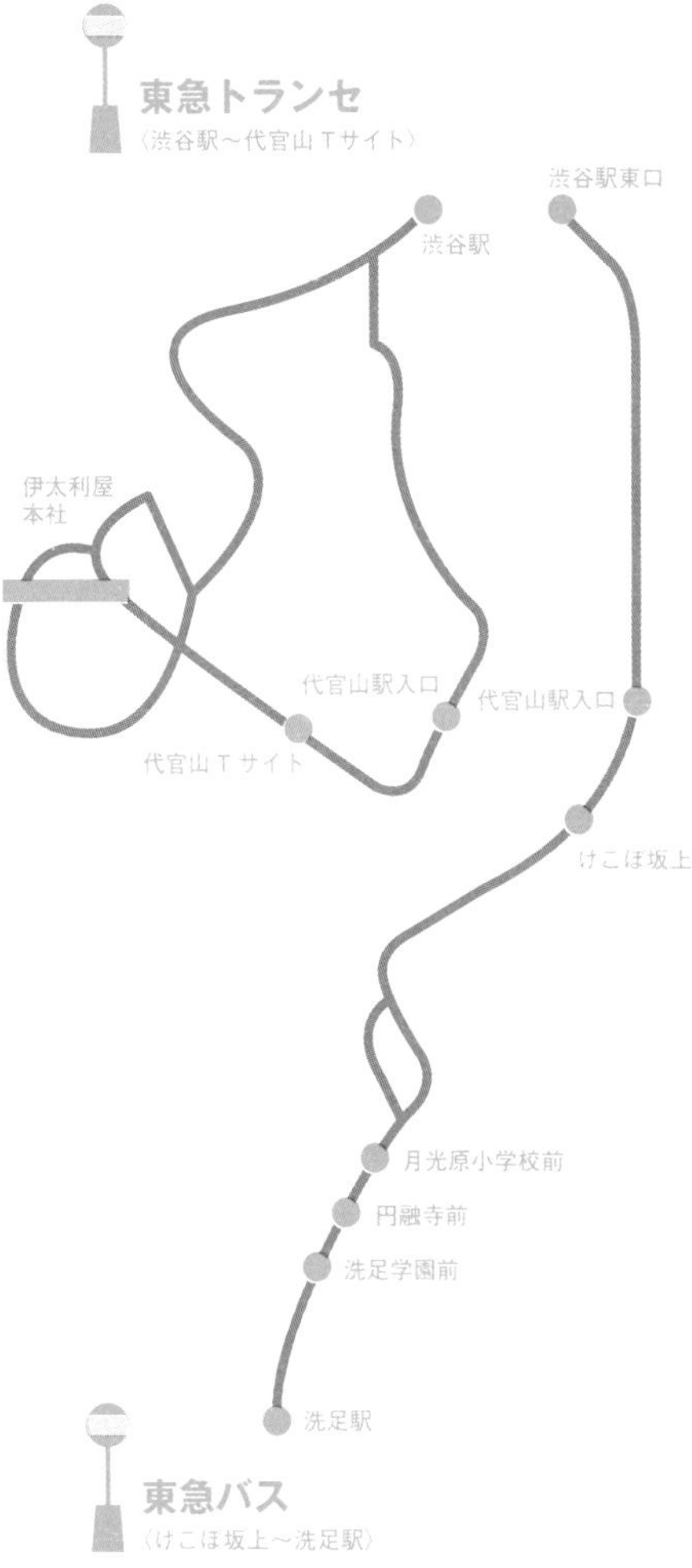

地に「洗足会館」の入ったビルがある。この洗足会館こそ、まさに洗足住宅街が誕生した当初からの住民組織で、ほんの数年前まで最初の木造洋館の建物が残されていたが、老朽化でいたしかたなく取り壊されてしまった。

　ところで、日本のバレエ団の草分け「小牧バレエ団」は終戦直後、洗足会館の部屋から立ち上がったという。なるほど、郊外のお屋敷街・洗足とバレエの光景というのはよく似合う。

目黒川沿いにいた男女。
男性をモデルになにやら撮影中。

団地遺産と平林寺とアトム工房

西武バス、国際興業バス

ひばりヶ丘駅→志木駅南口（西武バス）
志木駅東口→市場坂上（国際興業バス）

西武池袋線のひばりヶ丘駅で降りて南口へ出ると、水色の西武バスが並んだ向こうにパルコが見えて、いかにも池袋の西の郊外都市という感じがする。今回のバス旅の最終目的地は北方の志木界隈の予定だけれど、ひばりヶ丘まで来たら、やはり〝団地〟を眺めておきたい。ちなみに、各地によくあることだが、ここも駅は「ひばりヶ丘」と昔の〝ヶ〟表記、町名と団地は「ひばりが丘」で、ちょっと紛らわしいけれど、こういう地名のバラつきは好みである。

南口から武蔵境駅行き〈境04〉のバスに乗ると、数百メートル行った先から「谷戸商店街」と名の付いた狭隘な横道に入っていく。急カーブする地点に以前石神井で見たような誘導係が立つこの道、何路線ものバスが行き来する昔からの団地へのアプローチなのだ。東急沿線の郊外タウンというのは駅前からきちんと計画された街路が通っているものだが、こういう田舎道の区間がそのまんまだったりするあたりが西武沿線らしい。一応、西武沿線の町（東長崎近く）で生まれ育った者としては、なんとなく郷愁をおぼえる。

ひばりが丘団地入り口の狭い商店街を西武バスはワイルドに走る。

中原小学校で降車して、北側から団地へ入っていくと、UR（都市再生機構）が建て替えした住居棟の奥に旧棟が保存されている。53の番号を付けたこの棟は、俗に「スターハウス」と呼ばれるタイプのもので、上から見下ろした格好が星形というか、三ツ矢サイダーのマークみたいなデザインをしている。近頃増えている〝団地マニア〟に人気の様式と聞く。そして、この棟の前にはもう一つ、明仁上皇が昭和の皇太子の時代に美智子妃と団地を視察に来られたときに入室された〝74号棟のベランダ〟部分が設置されている。

話が前後したけれど、ひばりが丘団地が誕生したのは皇太子殿下の御成婚と同じ昭和34年（１９５９年）のことで、御視察はその翌年のことだった。僕は当初、それまで山野や田畑だった一帯を開発した……とイメージしていたのだが、土地の大方は戦時中から中島飛行機の工場や試験場だったという。そういう意味でも、戦後の平和な時代を象徴する施設といえるだろう。

帰路は駅まで歩いていくことにした。〈ふれあいの道〉と看板の出た団地門前の寂れたアーケード街から先のバス道を進んでいくと、広い駅前通りの裏手に昭和風佇まいの飲み屋横丁が続いている。そうか、この辺で代々団地のお父さんたちは一杯ひっかけて家路へ着いたのだろう。そんな一角に最近の〝葬祭会館〟を見掛けたが、これも〝団地の歴史〟かもしれない。

次のバスは北口から出発する。最近整備された駅前のバスターミナルから志木駅南口行きの西武バスに乗車。駅前商店街をぬけると、まもなく新座市（埼玉県）の領域に入る。別れ道、なんてバス停を過ぎて、栗原、火の見下、貝沼、と停留所の名もどことなく田舎めいてきた。が、あたりはもはや新開の住宅地で、貝沼のスーパー・いなげやを過ぎたあたりから、谷の向

保存されたスターハウスと昭和の皇太子ご夫妻が訪れたベランダ。

平林寺は「半僧坊大祭」の真っ最中だった。

こうにようやく雑木林の丘が見えるようになってきた。こういう街と田園が混在した景色こそ「翔んで埼玉」の魅力といえるかもしれない。

片山の町の先で関越道の架橋を渡ると、平林寺《へいりんじ》の森が見えてくる。ふだんはこの道（平林寺大門通り）を直進するところだが、本日は平林寺前の交差点の所に警備の警官が何人も出ていて、先へは進めない。そう、バスに乗るときに初めて知ったことなのだが、取材に訪れたこの日（4月17日）は、「半僧坊大祭」という年に一度のお祭りの開催日だったのだ。

僕らはいつもより少し手前に移された平林寺停留所で降車したが、バスは右手の道を迂回していく。平林寺門前の道は歩行者天国になって、延々と露店が出ているけれど、そちらの見物は後回しにしてまずは平林寺の境内へ。

平林寺――そもそも南北朝時代の岩槻に創建された寺らしいが、松平家（信綱）の菩提寺としてこの地に移されたのは江戸の寛文3年（1663年）という。正門から入っていくと、山門とその奥の仏殿の立派な茅葺き屋根が目を引く。仏殿の裏手には、松平一族の墓石群がちょっとした集落のように存在している。

そして、なんといっても堂宇や墓を取り囲む豊かな森が素晴らしい。季

半僧坊
大祭の
写真を
撮りにきた
作務衣
のおじさん
平林寺
にいた
スタイルの
よい2人
スタスタ
歩いていた
大祭の
屋台に
並ぶ
防災
法被を
着た
子ども

節もよくなってきたので、参詣よりこちらの森の散策を目当てにしてきたのだ。

深い木立の間に続く小径は所々が袋状の道筋になっていて、方向感覚を失う。昔ファミコンで熱中した「ゼルダの伝説」の森の迷路を思い出した。

樹木で目につくのはカエデなどのモミジ系で、新緑のこの季節も紅い葉のままのものが点々と見られる。それから、コナラやクヌギ、アカマツ……といった武蔵野の森らしい樹木。虫好きの僕は春の蝶を探したが、まだアゲハなんかの大物は見られず、キチョウとモンシロチョウがチラチラ舞っているだけだった。

さて、半僧坊というのは鎌倉の建長寺などでも知られる山の守り神で〝半僧半俗〟の姿をしているという。この祭りでは、境内の半僧坊感応殿《はんそうぼうかんのうでん》で般若経六百巻の転読が行われるようだが、門前の通りには稚児行列が出る。

お昼過ぎに始まるというので、近くのうどん屋でランチ（うどんも春野菜の天ぷらもおいしかった）を取ってから、通りに出てみると、稚児行列の参加者は〝稚児〟というより地元・新座市内の大学に通う生徒たちで女子学生が多い。スピーカーから流れるアナウンスによると、平林寺の主でもある川越藩主・松平信綱を先頭に野火止用水の開削に貢献した有力者などの姿に仮装しているようなのだが、元の人物をよく知らないので、仮装の良し悪しがわからない。

　行列のあとについてしばらく歩いて、平林寺の敷地が終わる新座市役所交差点を左折してズンズン行くと、野火止用水の小橋を渡った先に手塚（治虫）プロダクションの制作スタジオがある。鉄腕アトムの顔が外壁に掲げられているが、横道の入り口に案内板一つないので、注意していないと見落としてしまう。つまり、一般公開のミュージアムなどは設けられていないわけだが、知人が勤務しているので、ちょっと見学させてもらうことになった。

　一般見学は受け付けていないものの、玄関口にはタイプの違うアトムのフィギュアが何体か飾られている。手塚プロのこのスタジオができたのは１９８８年の４月、手塚治虫が亡くなったのは１９８９年の２月というから、本当に晩年数か月を過ごした仕事場なのだ。その最後の仕事部屋を見せてもらったが、机の上に描きかけのスケッチがそのまま置かれ、筆記用具が散らばっている。原稿手書き派の僕が長らく愛用していた三菱鉛筆ユニの２Ｂが何本も目につくのがなんだかうれしい。

　手塚氏の愛読書（古いＳＦ本や印刷史の本も見られる）が並んだ本棚の一角にオサムシの標本箱を見つけた。ペンネームの由来にもなった黒い甲虫《こうちゅう》。さっきの平林寺の森なんかにいかにもいそうな虫だが、これは手塚先生が採集したものではなく、弟子の昆虫好きのアニメー

門前の店でいただいた定食。うどんは土地に根付く“武蔵野うどん”のタイプではなかった。

玄関に置かれた鉄腕アトムのフィギュア（上）と手塚治虫も愛したオサムシの標本（下）。

ターが付近で捕まえたものらしい。

　ここに仕事場を置いたのは、東久留米にあった自宅から近いという理由らしいが、自宅より「町外れの外側に行くというのは平林寺周辺の広大な自然環境に魅かれたに違いない。しかし、おもえば手塚先生、トキワ荘の椎名町あたりから富士見台、東久留米、新座……と、西武池袋線をほぼ西の郊外へ移動してきたマンガ家ということになる。もちろん、資料室には僕が幼少の頃にアトムの連載を読んだ月刊誌「少年」をはじめ、貴重なアーカイブが数々保管されているわけだが、そっちに目を向けたら時間がいくらあっても足りない。そろそろバスに戻ろう。

　市役所の先の「望《ぼう》芙《ふ》台《だい》住宅」から志木駅南口行きのバスに再乗車、平林寺大門通りを一直線に北上していくとそのどんづまりが志木駅の南口なのだ。東武東上線の駅として知られる志木、実は元の町はもう少し北方の新河岸川（柳瀬川との合流地）の川端にできあがった。

　東上線を渡った向こうの北口、ではなくなぜか東口と付いた、北口っ

志木の本町通り周辺には古街道らしい趣のある家が点在する。

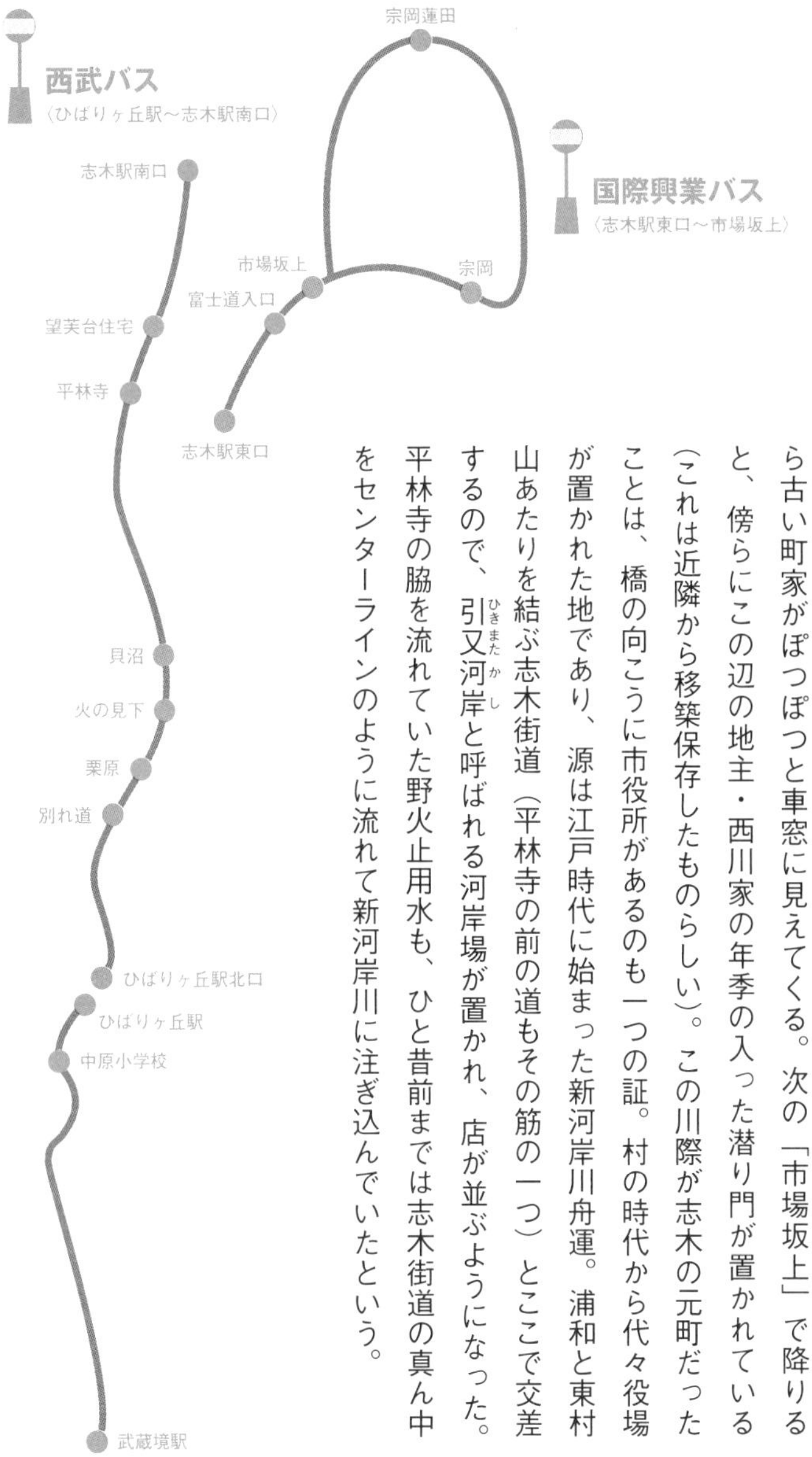

ぽい東口から「宗岡回り（循環）」と掲げた国際興業バスに乗って志木街道（本町通り）を浦和方面へ進むと、「富士道入口」のバス停のあたりから古い町家がぽつぽつと車窓に見えてくる。次の「市場坂上」で降りると、傍らにこの辺の地主・西川家の年季の入った潜り門が置かれている（これは近隣から移築保存したものらしい）。この川際が志木の元町だったことは、橋の向こうに市役所があるのも一つの証。村の時代から代々役場が置かれた地であり、源は江戸時代に始まった新河岸川舟運。浦和と東村山あたりを結ぶ志木街道（平林寺の前の道もその筋の一つ）とここで交差するので、引又《ひきまた》河岸《かし》と呼ばれる河岸場が置かれ、店が並ぶようになった。平林寺の脇を流れていた野火止用水も、ひと昔前までは志木街道の真ん中をセンターラインのように流れて新河岸川に注ぎ込んでいたという。

40

新大久保コリアン街経由、牛込漱石地帯行き

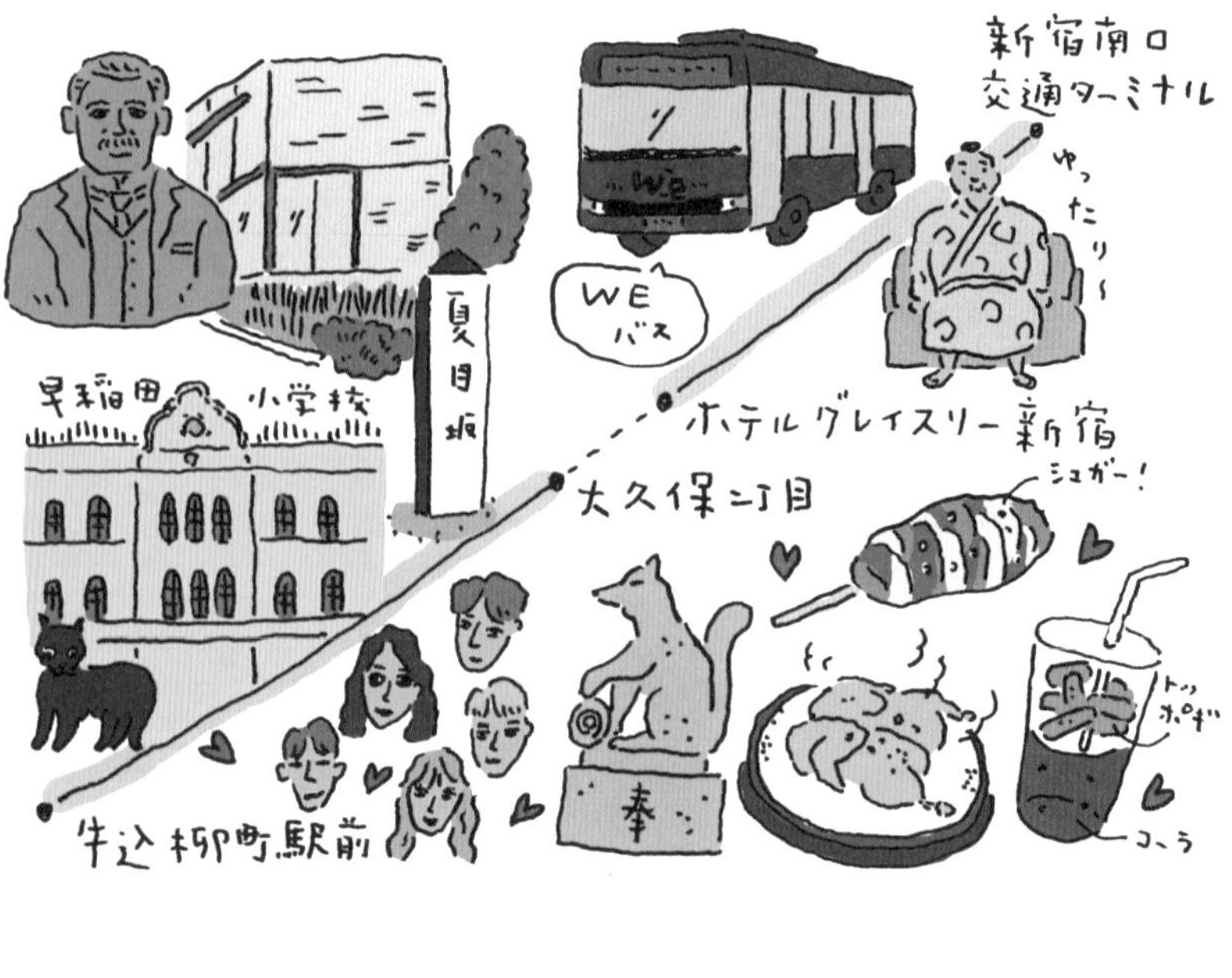

新宿 WE バス、都営バス

新宿南口交通ターミナル→ ホテルグレイスリー新宿（新宿 WE バス）
大久保二丁目→ 牛込柳町駅前（都営バス）

歌舞伎町の奥の老舗スポットともいえるバッティングセンター「オスロー」。

長距離バスの乗り場が並ぶ「バスタ新宿」内の一角に〈新宿WEバス〉の停留所もある。

新宿駅の南口の景色のなかに「バスタ新宿」もすっかり定着してきた。このビル型のバスターミナルに出入りするのは、ほとんどが高速道を走る遠距離バスだが、一つ「新宿WEバス」という新宿界隈を巡回するコミュニティーバスが入り込んでいる。このバスを使って、新大久保方面へアプローチしてみよう。

バスタ3階の乗り場から乗車したWEバスは、よくあるコミュニティーバスよりひと回り大きい中型バスの車体で、車内の座席もゆったりとしている。僕が座ったひとり掛け（おそらく）のイスは、小型のお相撲さんならゆうゆうと座れるようなサイズだ。

甲州街道に出たバスは東進して緑豊かな新宿御苑の脇をぬけて、新宿2丁目から3丁目へと戻るようにして靖国通りから区役所通りに入っていく。確か、ひと頃まではこの道を通って鬼王《きおう》神社の方から職安通りに進んでいく都バスがあったはずだが、いつしか消えた。そして、WEバスは風林会館の前から左手の一方通行路に進入、車窓にホストクラブの看板を見せながら、ホテルグレイスリー新宿の玄関口の停留所に停まる。

グレイスリー新宿とは、東宝の映画館が入ったタワービルだ。こちらの裏側からは望めないが、屋上にはゴジラのガン首オブジェがのっかっている。ところで、新大久保へのアプローチ……とは書いたけれど、バスはこの後、新宿駅の方へ行ってしまうので、ここで降車、職安通りの方へと歩いていくことにする。〈天然果汁ヲ作ル店〉という昔ながらの幌看板を掲げたフルーツパーラーのマルスの横を通過すると、ラブホテル街の一角にバッティングセンターのオスローが見える。最近の可愛らしいキャラクターの看板が並べられているが、このバッティングセンターもいまや歌舞伎町の老舗。日中のなんとなくうら寂しいホテル街をぬけて職安通りに出た途端、ハングルの派手な看板が目に飛び込んできた。

トイレを借りようと入った、エスプラザというスーパー風の店舗はどうやら免税店だったようで、韓国人と思しき観光客のグループであふれている。よくわからない話し声を聞いていると、本当にソウル郊外あたりの見知らぬ町へやってきたような気分だ。

ドン・キホーテの横から、通称・イケメン通りと呼ばれているタテ筋の路地に入った。そう2002年のサッカーW杯のとき、このドンキの駐車場に設置された大型モニターで試合（韓国・イタリア戦だったか？）を観戦したおぼえがあるけれど、コリアン系の店が増えていったのはあの頃からだろう（もっとも、その1年前の01年に書いた著書『新・東京23区物語』で僕はすでに新大久保の韓国

ソウル（韓国）フードの小店が軒を並べるイケメン通り。

料理屋街について解説しているから、W杯前からその兆しはあったのだろう）。

その後、ヨン様ブームでオバ様の観光客が増えたり、タイやベトナムなど東南アジア勢に侵食されたり、店や客筋を多少変えながらコリアンタウンは定着してきた。そして、この数年のコリアンアイドルとスナック、スイーツを核にした若い女子中心の新大久保ブームは凄まじい。ちなみに、このイケメン通りの由来は、韓流イケメンアイドル（のグッズ）というより、イケメンの店員を揃えた店が集まっていたのが発端、と聞く。

時刻は午前11時過ぎ。この辺で早目のランチをとろうと思っているのだが、やはり最近ハヤリの韓流チーズモノにトライしたい。表面に刻んだフライドポテトをコーティングした奇妙なチーズドッグのオブジェを掲げた店が目につくけれど、チーズドッグ（ハットグ）はほとんど立ち食いなので、まずはちゃんと座れるレストランに入りたい。イケメン通りとはいえ、あまりイケてない店員がビラを配っていた鉄板料理の店に入った。ここは、袋小路の一角で、建て売り住宅を改造したような店ばかりが数軒並んでいる。

これが、チーズ鉄板トンタクだ！

チーズ鉄板トンタク——というのがメニューの目につく所に掲げられているので、これをメインに数品注文した。鉄板の上に半羽サイズのローストチキンがドカンと置かれ、とろけたチーズがまぶされたチーズ鉄板トンタク——トンタクとは、韓国語で〝鶏の丸焼き〟を意味するらしい。もっ

とも、ただ「とんたく」と検索すると、「忖度（そんたく）」の解説がずらりと出てくるから、まだ日本ではさほどポピュラーなメニューではないのだろう。

　食後、大久保通りを歩いたが、こちらも新大久保駅から東方にかけては韓国系の店ばかりだ。ハットグと黒糖タピオカという定番ファストフード２品を立ち食い（飲み）したけれど、東南アジアのタピオカより大粒でグミっぽい食感の韓式タピオカドリンクは、なるほど「いつかもう一度くらい味わってもいい」というような、独特のクセがある。トライしなかったが、へーっと感心したのは、ビニールコップの上半分にトッポギ、仕切りを付けた下半分にコーラが入っていて、トッポギを食べながらストローで下のコーラを飲めるというもの。しかし、トッポギとコーラというのはナイスな食い合わせなのだろうか。

「脂肪ちゃん、ってキャラグッズがハヤってんですよ」

　スタッフのTに指摘されて、グッズが並んだ店を覗いたが、ＢＴＳ（防弾少年団）のキャラ人形が目につくばかりで「脂肪ちゃん」は見あたらない。

シニアにはヘビーなチーズハットグにトライ。

「脂肪ちゃん、もうナイですよ」

尋ねた店員に苦笑いされた。韓流グッズはハヤリスタリも早いのだ。

コリアン以外の新大久保名所にも立ち寄っていこう。駅横に門を開けた皆中《かいちゅう》稲荷神社は、このあたり百人町の語源になった江戸の「鉄砲組百人隊」ゆかりの神社。百人編成の鉄砲部隊の屋敷が並んでいた地域で、皆中という社名は「皆、鉄砲のタマが中（あたる）」という掛け言葉なのだ。ひと頃まで山手線の車窓越しに見えたロッテの工場跡地まで行ってみたが、ここは住宅展示場になっていた。一時的な施設だろうから、近い将来、景色はまた変貌するのだろう。

大久保通りの「大久保二丁目」から、こんどは都バス（新橋駅前行き）に乗って、牛込方面へ向かう。明治通りの交差点を過ぎると左手は戸山ハイツの一帯。車窓から箱根山を探したが高いマンション棟に隠れてよく見えない。若松町を通過して「牛込柳町駅前」でバスを降りた。

次の目的地は早稲田南町の漱石山房記念館。ここで練馬駅行きの都バスに乗り換えると「牛込保健センター」の停留所が近いのだが、ま、歩いても大した距離ではない。

漱石とはもちろん夏目漱石。生誕地は西隣の喜久井町で、ここに「漱石山房」と呼ばれた晩年の家があった。ひと頃までは、胸像と小さな資料室が置かれただけの公園だったが、2年前に立派なミュージアムが誕生した。

夏目漱石の胸像（上）と「漱石山房」のミュージアム（下）。

館内には、ベランダの付いた往年の漱石山房の一部分が再現され、蔵書を参考にして漱石が使っていた書斎をイメージしたコーナーも作られている。僕は漱石よりも弟子の寺田寅彦や内田百閒を愛読してきたが、「三四郎」の野々宮のモデルとされる寺田寅彦の家は先に歩いた新大久保近く（当時ツツジの名所だった）にあったといわれる。

漱石山房を出て、生家のあった早稲田通りの方へ歩いていくと、道脇に美しいコンクリート建築の校舎が見える。昭和3年（1928年）に竣工した早稲田小学校。関東大震災のいわゆる復興建築学校の一つで、区立の小学校とはいえ、設計者は銀座和光ビルや日劇を手掛けた渡辺仁という。

一瞬、もしや漱石もこの小学校を見たのか……と思ったが、漱石の死は大正5年（1916年）だから、小学校（明治33年〈1900年〉創立）はあってもこれより前の建物だ。

早稲田通りに出て、東西線の早稲田駅のある交差点を左折してすぐの所に〈漱石誕生の地〉の碑が立っている。目の前の坂は夏目坂というが、これは漱石が名を成してから命名されたものではなく、なんでも漱石の父親が自分ちの前の坂なのでそう言い回っていたのが由来らしい。

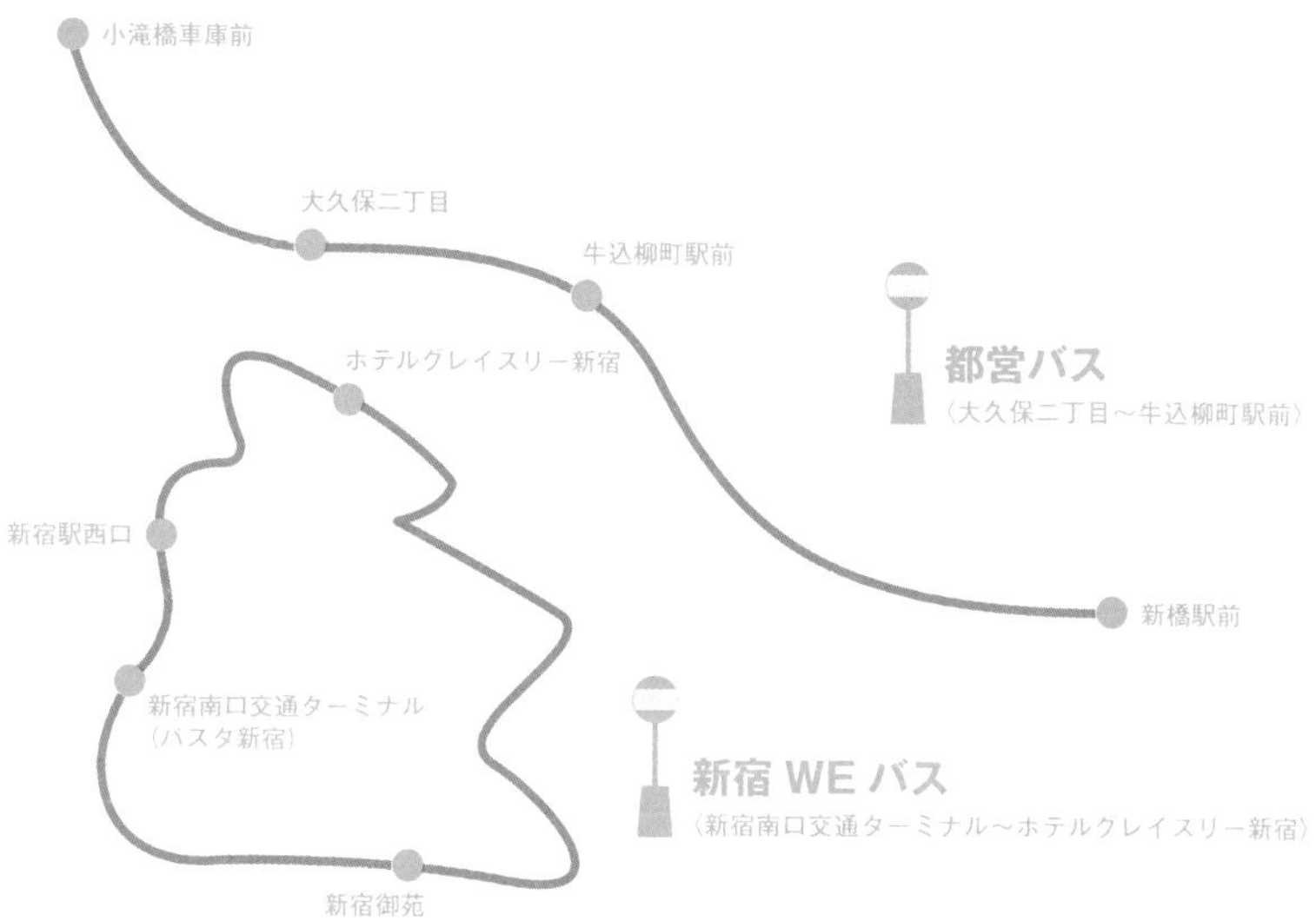

そんな夏目坂の途中に猫のイラストの看板を出した、黒塗りのシックなカフェを見つけた。そうか……「吾輩は猫である」にあやかったのかもしれない……と思ったが、店名は猫ではなく「Where is a dog?」と記されている。グルテンフリーのメニューを中心にしたこの店、オーガニック感のある珈琲を飲みながら店内を見渡してみるとやはり犬ではなく、猫の絵画や写真ばかりが飾られている。「犬のものが1点だけあるんですよ、探してみてください」と女主人。

そうか、店名の意味はそういうことだったのか……。しかし、これがそう簡単には見つからない。漱石の生誕地らしい、なかなかシャレの効いた店だった。

渋いピンクの塗装も美しい早稲田小学校。

41

ズーラシアの森と謎のクラシック鉄橋

横浜市営バス、神奈川中央交通

中山駅前→よこはま動物園（横浜市営バス）
三保市民の森→中山駅（神奈川中央交通）

ＪＲ横浜線の中山なんていう駅で降りるのは初めてだ。駅前（南口）はマクドナルドや横浜銀行やデニーズやカラオケ屋の看板が見える、よくある横浜の郊外駅らしい景色といえるが、ちょっと先の横道にはアトリエ風の洋館を改造したような、なかなかシブい純喫茶があったりする。帰路に立ち寄ったけれど、ひとクセありそうな芸術家風の中年や美大生っぽい客が溜まっていた。

そんな「中山駅前」のバス乗り場からアプローチする目的地はズーラシア。首都圏ではこのズーラシアの呼び名がかなり浸透しているが、これは愛称のようで、バスの停留所名は「よこはま動物園」となっている。１９９０年代の終わり（20年前の１９９９年）にオープンした、横浜市立の動物園なのだ。ちなみにズーラシアのニックネームは、動物園のＺＯＯにユーラシア大陸をひっかけたものらしい。

横浜線中山駅の南口には〈ズーラシア〉のプレートが掲げられたバス乗り場がある。

駅前の狭い道をぬけて中原街道に出ると、ドライブインレストランなんかが並ぶ右手の車窓に緑の丘が見えてきた。横浜市の緑区と旭区の境界に広がる大規模な緑地帯、ズーラシアもその一角に存在する。

車中の乗客は、どこかで買ってきたポリバケツをぶらさげたおじいさんが途中のバス停でひょこひょこと降りていって、残った5、6人の男女学生はズーラシアの見物客と思い込んでいたら、手前の高校（横浜旭陵《きょくりょう》高校）近くのバス停でぞろぞろと降車。そう、取材日は平日の午前10時過ぎ

（通常の登校時間にしては遅いから、試験期間かもしれない）なのだ。梅雨のさなかだが、この取材にしては珍しく朝からピーカンに晴れている。風も割合と涼やかで、アウトドアの取材には申し分ない。

土日祝日は北門まで行くバスもあるようだが、平日は一つ手前の正門の所が終点。ゲートをくぐると、まず〈アジアの熱帯林〉というエリアが設けられている。インドゾウのスペースから始まるこのエリアには、ボルネオオランウータン、ボウシテナガザル、シシオザル……といったアジアに生息するサルの仲間が多い。なかでも目を見張るのは、フランソワルトンという、麻布あたりの洋菓子屋みたいな名前のサル。オナガザル科のこのサル、黒毛をパンキッシュにおっ立てた親の風貌とは打って変わって、生まれてまもない（なんと令和初日の5月1日誕生という）「アマナツ」と名付けられた赤ん坊ザルがなんとも可愛らしい。こちらはまんまるい顔にクリクリのカンロ飴みたいな目をつけて、毛色も鮮やかなだいだい色を帯びている。冴えない感じの親ザルが、このアマナツちゃんを抱っこして、人目を気にするように動き回っている様子に目を奪われる。

黒々しい親猿の掌中から顔を出す可愛らしいフランソワルトンの子ザル（白いタテ筋は柵）。

おそらく、土日はたいへんな人垣ができるような人気コーナーなのだろう。ところで「アマナツ」の名前、一般公募でキンカン、イヨカン、などの候補を押しのけて決まったとネットで読んだ。何故カンキツ類の名前ばかりなのか……と思ったら、どうやら母ザルの愛称が「ユズ」というから、由来はここかもしれない。

アジアの熱帯林の先には〈亜寒帯の森〉〈オセアニアの草原〉といったエリアが続く。つまり、世界の動物分布に基づいたテーマパークの仕立てになっているのだ。森のなかの道はくねくねと湾曲し、地形の起伏にも富んでいる。亜寒帯の森の一角には小川が流れる谷地もあったが、おそらく元の里山時代の地形をうまくいかしているのだろう。動物の展示場の周囲も山林に覆われているので、柵はあるものの、放し飼いの動物を眺めているような気分になる。そして、飼育係の人がインカムを付けてアンバサダー調に動物の解説をしている。この辺いかにも東京ディズニーランド以降の動物園だ。

オセアニアの草原エリアに設けられた、「オージーヒル」というレストランでオージービーフのステーキを腹に入れて、〈日本の山里〉のエリアへ入っていくと、往年の武蔵野らしいコナラの林の道端に野地蔵がぽつんと置かれているあたり、なかなか芸が細かい。

その先の〈アマゾンの密林〉エリアにいるヤブイヌというのはスタッフのTのお気に入りらしい。南アメリカ北部の森林、草原に生息する動物で、プロフィール写真を見るとイヌというよりコグマに近いが、どこかに潜り込んでしまったのか、残念ながら姿は見えな

オージーヒルのオージービ―フステーキ。

い。その奥の〈アフリカの熱帯雨林〉エリアでズーラシアの看板役者・オカピのセクシーなシマシマのお尻を眺め、園北端のエリア〈アフリカのサバンナ〉でライオン、キリン、チーター、といった大物を見物、ここからだと北門が近いのだが、平日は閉まっている。

　人気者のオカピを象《かたど》ったという園内バス〈ズッピ号〉に幼児の集団と一緒に乗って、正門のところまで戻ってきた。当初、ささっと半分くらい眺めりゃいいか……と思っていたが、足早ながらも結局全エリアを巡ってしまった。動物の見物はもちろん、ちょっとした山歩きをした心地である。

　しかし、いつものとおり、目的地一つでは終わらない。これから北方の三保町、梅田谷戸の集落をめざす。

　正門の横から北門の方へ整備された道をしばらく行くと、やがて広い道は途絶えて、右手に山の方へ入っていく狭い横道が口を開けている。近頃すっかりなれてきたスマホのグーグルマップを拠りどころに、くねっとし

動物園内を走るバス。一見パンダのようだが、オカピがデザインのベースらしい。

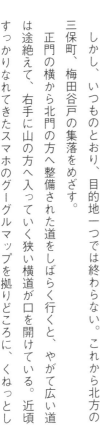

ズーラシア北裏の昔ながらの山道を進む（上）。多摩のこういう里山の道で鳥居と祠を見掛けることは多い（下）。

た古道に進路をとると路面は土の杣道《そまみち》になって、傍らの山林の斜面に小さな赤鳥居と祠が置かれていたりする。ああいうのは崖崩れ除けを祈願して祀られたものなのかもしれないが、多摩の古道に入るとよく見掛ける。

ヒカゲチョウがチラチラ舞い飛ぶ道を下っていくと民家がぽつぽつと見えてきた。梅田谷戸の集落だ。谷戸というのは、田んぼが丘に入り込んだような地形を表す言葉で、多摩の丘陵地には多い。以前、旧鎌倉街道について書かれた本（『旧鎌倉街道探索の旅』芳賀善次郎・著）を読んでいて、この梅田谷戸の集落にちょっと興味をもった。

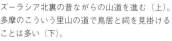

「三叉路から旧街道を行く。周囲は古い集落の梅田谷戸である。今は宿駅の面影はないが、室町期ごろからここに宿駅ができ、旅人は宿泊したり休息したという。古くは四十戸の人家があったというが、今は山奥の隠れ家といった集落である」

さらに、こんな解説が続く。

「この集落には岩本姓が多いのでそれぞれ屋号で呼んでいる。鉄砲屋というのは、この岩本家の祖先がここで鉄砲の製造をしたからという。戦国のころであろうか。またこの集落

森林のなかを通りぬける横浜水道の鉄橋（右）。傍らには排水処理のタンクが置かれていた（左）。

には『かなくそ屋』という屋号もあり、昔この地から金くそ（鉛の鉄砲玉）が掘り出されたので名付けられた」

　もっとも、この本が書かれたのはズーラシアができるよりもずっと前の80年代初めであり、もはや〝古集落〟の雰囲気はあまりない。この数年のうちに拡幅されたと思われるバス通りにはコンビニもあって、ここでノドを潤すドリンクを買った。「岩本」の表札を掲げた〝鉄砲屋〟や〝かなくそ屋〟らしき古い屋敷も探したのだが、見つけられなかった。

　ところで、戦国時代とまでは遡らない歴史遺産が近くに存在する。バス停の梅田谷戸の一つ南隣の「三保市民の森」というバス停の向こうに道路の上を横断する細長い鉄橋が見える。両側の山の間に渡されたこの橋は、水道橋なのだ。

　明治20年（1887年）、外国人居留地への水供給と流行するコレラ予防などを目的に、現在の津久井湖近くの道志川から取水して野毛山の浄水場まで至る本格的な水道・横浜水道が開通した。鶴ヶ峰ルートの1区間として、この梅田谷戸の水道橋が竣工したのは明治よりはずっと後、戦後昭和27年（1952年）のことだというが、それで

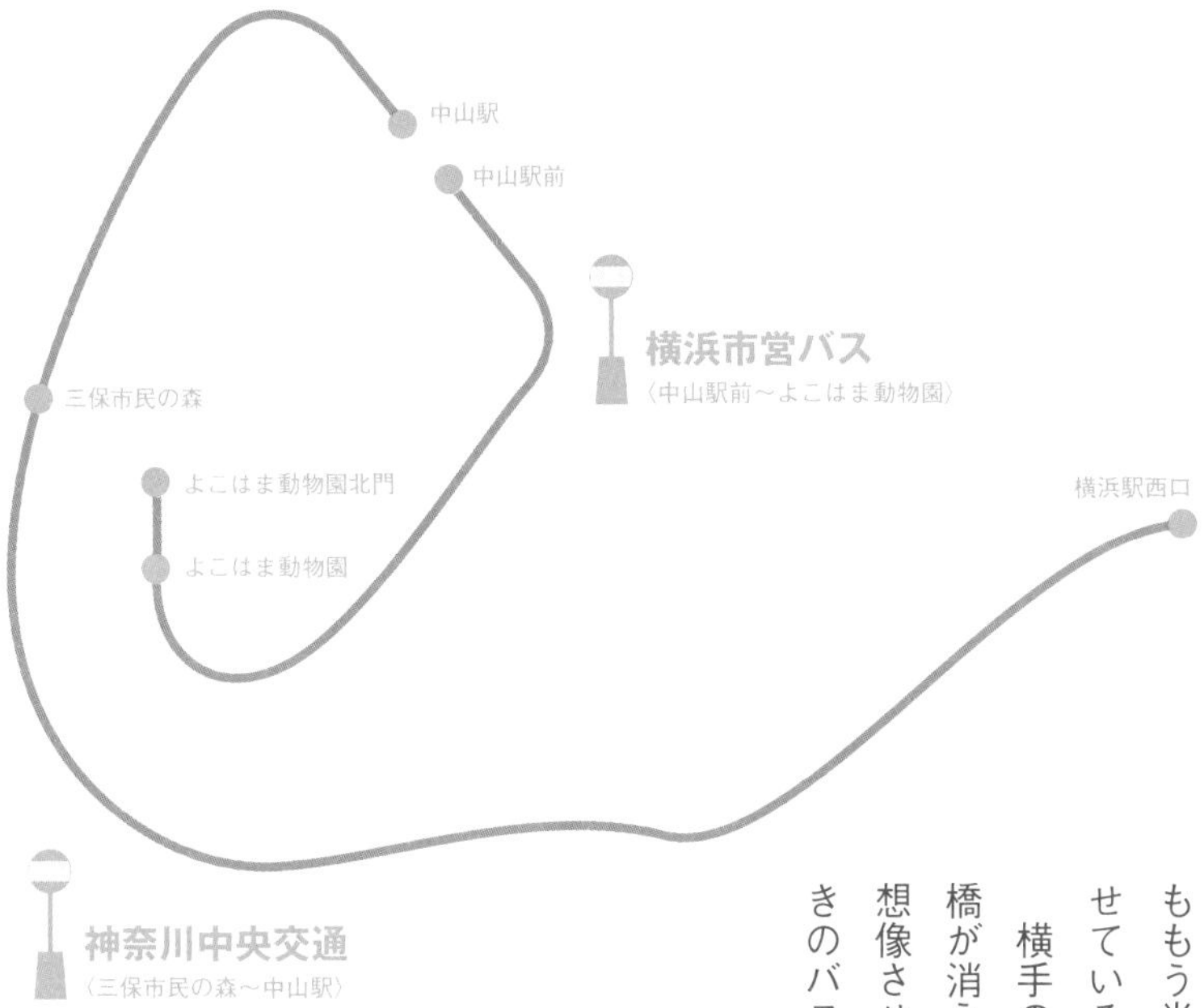

もう半世紀余り、クラシックな構造物の趣を漂わせている。
横手の森林（三保市民の森）のなかへと薄緑の鉄橋が消えていく景色などは、山間の謎めいた廃線を想像させる。その下をくぐってやってきた中山駅行きのバスに乗って、帰路につくことにした。

横浜水道橋の下をくぐって、中山駅行きのバスがやってきた。

42

江戸川おもしろバス巡礼
棒茅場・三角・雷

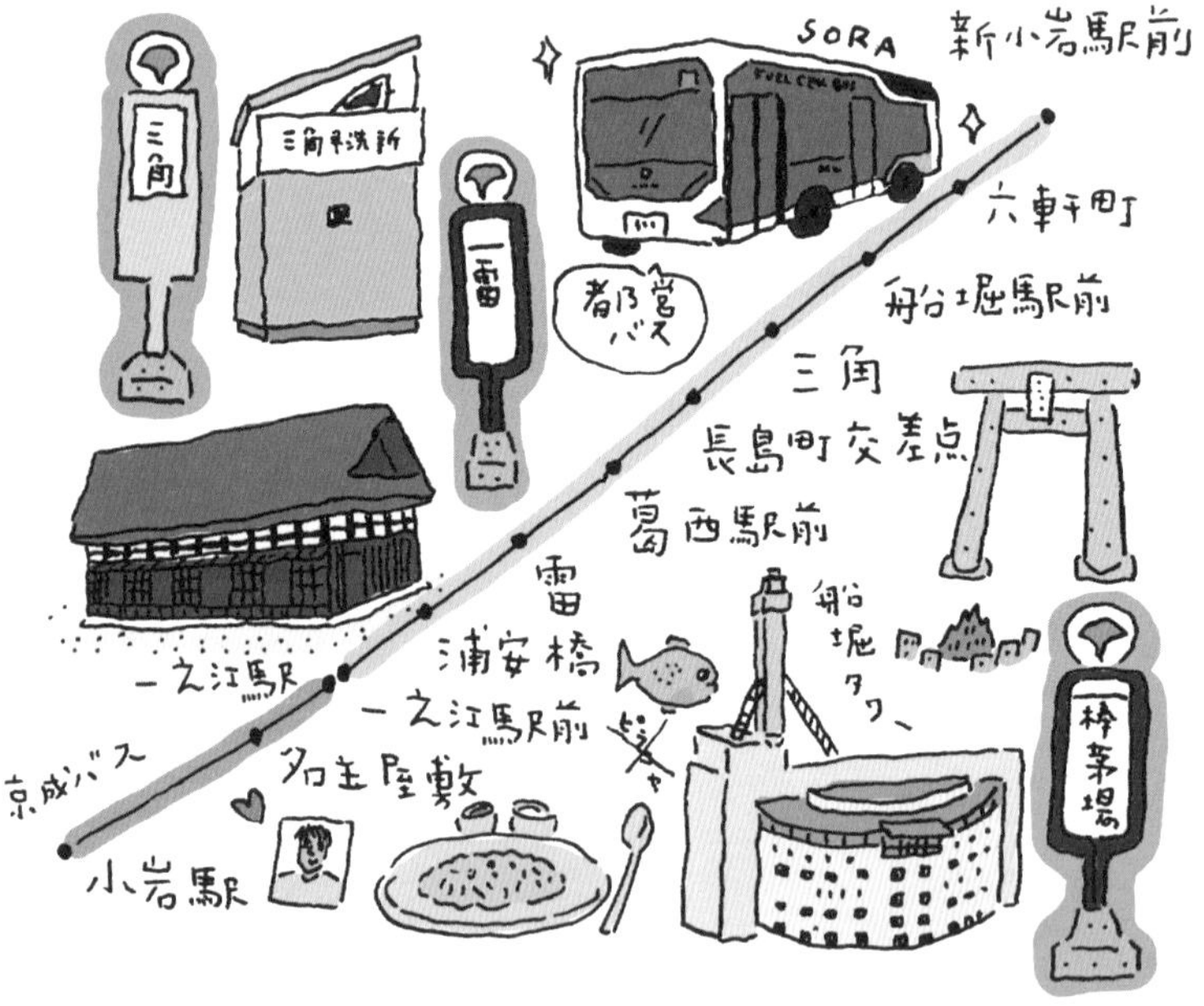

都営バス、京成バス

新小岩駅前→一之江駅前（都営バス）
一之江駅→小岩駅（京成バス）

江戸川区には昔ながらの面白い名前のバス停が集まっている。路線バスをいくつか乗り継いで巡ってみたい。

出発点に選んだのは新小岩の駅前。南口のバスターミナルから出る都バスの〈新小21〉西葛西駅前行きに乗車する。多くのバスが走る平和橋通りを南下、区役所の前を通り過ぎて東小松川の交差点に差しかかると、前に今井の方へ行ったとき（前巻・22話）にも車窓越しに見掛けた宝くじセンターの派手な看板（「当店より7億出たー!」なんてコピー）が垣間見えた。バスは船堀街道を直進、船堀の駅前を過ぎて、新川を越えた先から右手の旧道に入っていく。

ここから、七軒町、棒茅場《ぼうしば》、六軒町と、いまの町名（北葛西）にはないバス停が続く。「六軒町」でバスを降りて、来た道をゆっくりと引き返す。弓形に湾曲した、いかにも昔の江戸川らしい道筋に小さな鳥居や祠を庭に置いた、古い家がぽつりぽつりと見あたる。

東小松川の交差点で車窓に見える派手な宝くじセンターの看板。

明治、大正時代あたりの古地図を見ると、この弓状の道の筋に沿うように宇喜田川という小川が流れていて、七軒、六軒、さらに十軒、十八軒などと小字《こあざ》の名が記されている。地図に描かれた集落の様子から察して、おそらく農村時代の家屋の数に由来する地名なのだろう。

七軒町と六軒町の間の棒茅場も、古地図に小字名として記されているが、バス停の真ん前に、いかにも集落のシンボルという感じで八雲

船堀のランドマーク、通称・船堀タワー。

神社（江戸川の川際に多い。民家の鳥居と同じく水難除けの守り神なのだろう）が建っている。この棒茅場の名は、茅《かや》が繁る湿地から付いたものらしい。そう、10年ほど前にこの辺を歩いたとき、民家の庭先にいたおじさんに、庭のゴミ捨て場の穴底にしっかりと根を張った、茅場の名残を見せてもらったことがあった。

船堀の駅前まで歩いて、駅横のビルの上部にすっくと聳え立つ船堀タワーに昇ってみることにした。映画館やレストランを収容したタワーホール船堀という区の施設。一角に設置された塔楼の展望台は高さ115メートルというから、けっこう本格的なタワーと言っていいだろう。

僕はもう何度か来ているが、展望台が入場無料ってのがなんといってもいい。さらにエレベーターガールが2名も待機していて、昇っていくときにちょっとしたガイドまでしてくれるのだ。ここに来るたびに「江戸川区ってのは豊かな区なのだなぁ……」と思う。

梅雨もまだ明けないこの日は、朝からどんよりとした曇天だったが、空の下層は割と澄んでいて荒川の向こうの東京スカイツリーはもちろん、はるか遠方の海際に東京ディズニーリゾートの岩山らしきものも発見した。

三角バス停横の三角屋根のトイレ。

最近の都バスにはこういう新型が増えている。

タワーホールの目の前のバス停から、都バス〈錦25〉の葛西駅前行きに乗って、次の目的地・三角へと向かう（葛西駅前行きは複数あるので、系統番号にご注意！）。黄緑色の都バスをイメージしていたら、やってきたのはブラックミラーの窓とブルーカラーが目につく近未来っぽい車両で、一瞬「どこかの私バス？」と思ったら、これは最近都バスが数両ばかり導入したトヨタ製の〈ＳＯＲＡ〉という燃料電池バスなのだ。

予定もしてなかったので、実にラッキー。ウキウキしながら乗り込むと、天井のモニターに動画広告や進路案内が映し出され、スマートなシートやブザーのレイアウトはテーマパークやリゾートホテルのトラムを思わせる。先日、都バスのフルフラットバス（スウェーデン・スカニア社製）に乗る機会があったけれど、令和の時代に入って路線バスのスタイルも大きく変貌しようとしている。車窓風景よりも車内の装飾に目を向けているうちに「三角」のバス停に着いた。

三角は「サンカク」とそのままベタに読む。バス停のすぐ横に〈三角手洗所〉と名付けて、三角のデザインにこだわったような公衆トイレが置かれているのが微笑ましい。もしやなかの便器も三角形だったりして

三角近くの新川に笹の渡し舟を浮かべる。

……と覗いてみたが、さすがにこれはノーマルだった。

三角バス停周辺は、道も二叉に分かれて、いわゆる三角地帯っぽいブロックが見受けられるが、すぐ先に新川が流れていて、その地名はどうやら昔の川を往来していた〝三角の渡し〟という渡し舟が元だという。近頃の川岸は桜が植え込まれ、新川千本桜という花見の名所になっているようだが、新川橋の所からもう1本、古川というのが暗渠化（先の方は親水公園）されて枝分かれしている。

かつて（大正時代くらいまで）この川の分岐点の岸辺に、三角形を描くようなコースで渡し舟が運航していたらしい。新川の岸に繁った笹で器用なT君が小舟をササッと作って川に投げたが、流れはほとんどなく、笹舟は川淵で滞っていた。

さて、そろそろお昼どき。三角から再び葛西駅前行きのバスに乗って、駅の北方のレストランでランチタイムとしよう。

葛西といえば〝インド料理の聖地〟だが、ネットで見つけて予約した「スパイスカフェ フンザ」という店もその一つ。マトンやバターチキンのカレーもいいけれど、以前神田の方の店で味わった〝ピラニア〟みたいな名前のインド風炊き込みライスがここにはある。

ピラニアではなくピリヤニが正解、と原稿を書くまでそう思い込んでいたら、ピではなく、ビリヤニと濁るのが本当の名称らしい。細長い、いわゆるインド米をクミンやコリアンダー……などのスパイスで炊いた、ドライカレーのパエリア版みたいな料理。ここのはタンドリーチキンが2切ればかりあしらわれ、辛目のソースとヨーグルト風のソースが付いてくる。

インド系の従業員ばかりが目につく、現地インドや東南アジアのインディーズ街にあるようなレストランだが、ビデオモニターからはマハラジャっぽいインド歌謡映画ではなく、なぜかアイドルグループ・Jのパフォーマンス映像が延々と流れていた。何かの取材で来たのだろう（ちなみにこの日の夜、ジャニー喜多川氏の訃報を聞いて、奇妙な気分になった）。

ビリヤニは“インドのパエリア”といった感じだ。

食後、葛西駅から〈葛西22〉一之江駅前行き（都バス）というのに乗る。環七を直進して一之江方面へ行く系統もあるけれど、これは旧江戸川沿いを迂回するように進んでいくルートで、途中に雷《いかずち》という珍しい読みの1文字停留所が存在する。

このバスが通る道は、環七なんかができるよりずっと前からある古道で、昭和30年代頃までは湿田の間の水路をノリ漁の小舟が往き来するような地域だった。道が大きくカーブする地点にある「雷」バス停、その名の由来とされるお不動様が、急カーブを曲がって少し北上した所の真蔵院に祀られている。

「葛西沖でしけにあった漁師が、この寺の松にいた竜の発する光で助けられ、残された剣を不動にそなえたことから波切り不動、その不動が大雷雨のときに雷を退治したことから雷不動と呼ばれた……」

SF特撮時代劇のシーンが想像されるような説が記されているが、このあたりが夏の雷雲の通り道だった……という一説を気象の本で読んだこともある。

雷の次は「雷上組《いかずちかみぐみ》」という、字面的にもインパクトのあるバス停が立っているが、10年くらい前に歩いたときにはすぐ横に「いかづち堂」という古びたせんべい屋があって、雷に縁の深いアラレを買ったおぼえがある（もはやその店もない）。

都バスは雷の直角カーブを曲がって進む。

来るたびに減ってはいるようだが、このバス通り沿いには漁農村時代を思わせる古い家がまだぽつぽつと残っている。東西線（高架線）と葛西橋通りの下をくぐって、渋い町中華の店の脇の「浦安橋」停留所からバスで一之江駅へと向かった。

一之江の駅前から、本日初めての私バス・京成バスの〈小76〉小岩駅行きに乗車する。だいたいいつもバス乗車より歩いている時間の方が長いこの連載、今回はよくバスに乗っている。明和橋通りを進んで、瑞江の斎場（この火葬場も古い）の横をぬけ、首都高小松川線の交差点を過ぎると、「名主屋敷《なぬしやしき》」という停留所がある。降車すると、バス通りの1

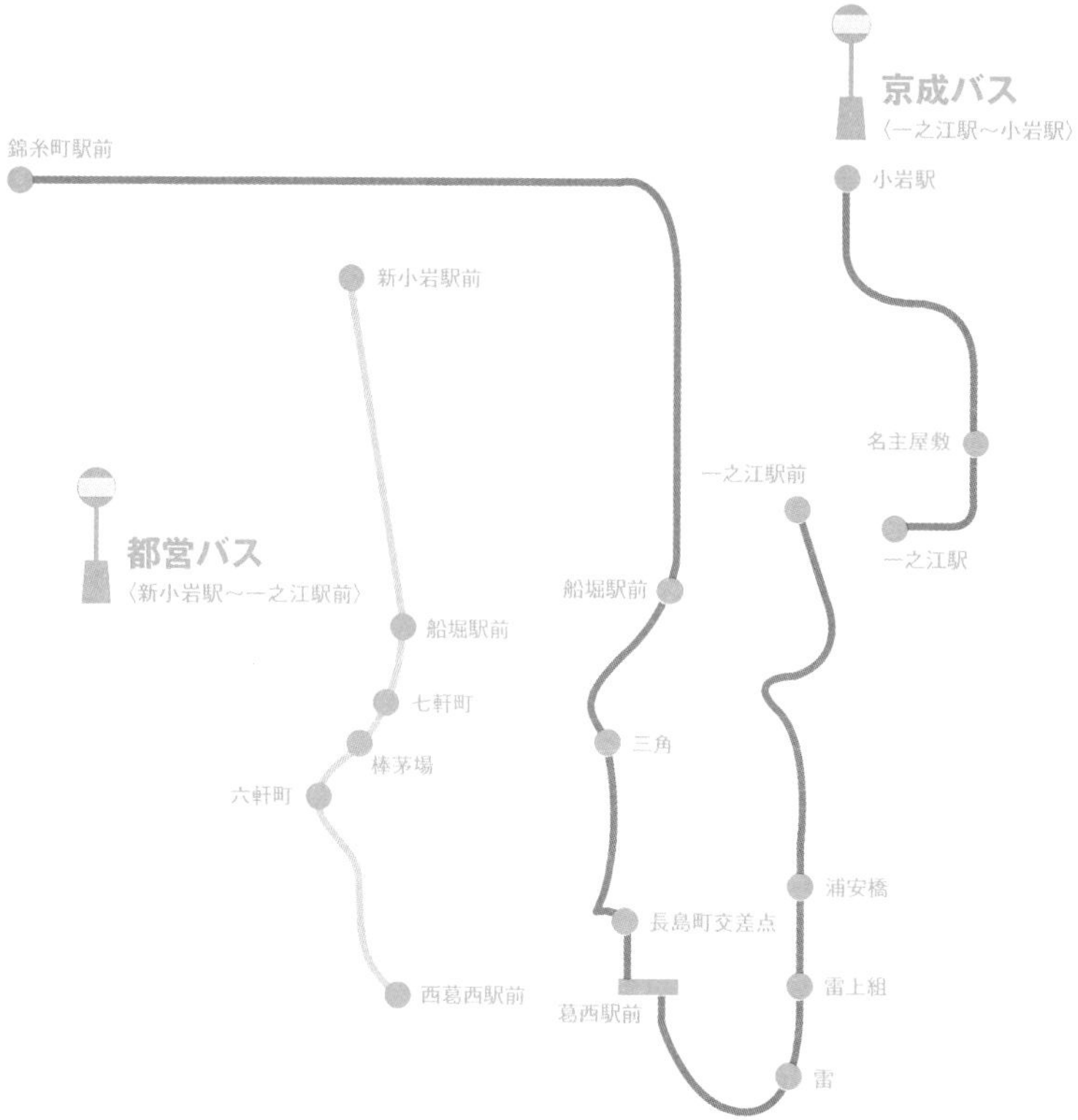

本裏手にこんもりと森に囲まれて、一之江の名主・田島家の屋敷が建っている。

一之江村の新田開発を指揮し、江戸時代の初期から名主を務めた田島一族。こういう保存古民家は各地で眺めてきたが、東北地方の曲がり屋を思わせるこの田島家の主屋の規模は大したものだ。囲炉裏にくべられたマキから漂う、焦げた木の匂いが郷愁を誘うが、これは単なるノスタルジー演出ではなく、「虫よけの効果があるんですよ」と管理人から伺った。

縁側や裏戸越しに竹林、シイやエノキの繁る豊かな屋敷林が広がるこの家は、庭歩きも楽しい。

43

奥多摩から行く山梨の秘境・丹波

西東京バス

奥多摩駅→丹波

JR青梅線の終点、奥多摩駅にやってきた。

シャレた山小屋風の佇まいを見せたこの駅の前から3年前の夏に日原《にっぱら》鍾乳洞へ行くバスに乗ったが（前巻・6話）、あのときはあいにくの雨降りだった。当初目当てにしていた虫採りをあきらめて、携帯してきたタブレットでポケモンGOのモンスター狩りをしながらバス旅をしたのを思い出すけれど、あれからもう3年も経つのだ……。8月のお盆前の取材日、今回は一応晴れの天気予報が出ているが、奥多摩の山地はにわか雨の多発地帯だから安心はできない。

山小屋をイメージさせる奥多摩の駅舎。戦時中の1944年の開業で、71年初めまで「氷川」といった。

さて、バス旅の目的地は県境を越えて山梨県に入った丹波山村。これ「たんばやまむら」ではなく「たばやまむら」と読むのだが、中心地の丹波《たば》まで行く西東京バスが駅前から出ている。奥多摩発の路線バスにはプライベートも含めて何線か乗っているけれど、丹波行きのバスに乗るのは初めてだ。

土曜日の午前11時発（平日はこういういい時間帯の便がない）のバスはやはり登山スタイルのお客さんが目につく。駅前を発車して青梅街道に入ると、3年前の夏にも立ち寄った川際の神社（奥氷川神社）がお祭りのようで、沿道に露店が並んでいる。先日新大久保で味わったハットグ（韓国風チーズドッグ）とかタピオカとか、祭りの露店というのはなかなかトレンドに敏感なのだ。

やがて車窓の左手に奥多摩湖が見えてきた。

〝社会科〟的な呼び名としては小河内ダムがポピュラーなこの〝東京都の水がめ〟が完成したのは昭和32年（1957年）、湖底に多くの集落が沈んだ話は有名だ。湖畔の道づたいに、熱海（あたみ）、湯場（ゆば）、女の湯（めのゆ）……なんてバス停が続くが、これらは湖底に存在した集落の名で、実際温泉が湧いていた地域らしい。

小河内神社のバス停で若い女性グループやカップルがどっと降りていったが、この神社には湖底に沈んだ集落の9社11の祭神がまとめて祀られているらしく、近頃パワースポットとして人気があると聞く。

留浦（とずら）という、これまた珍名のバス停を過ぎると山梨県に入る。左手にずっと見えていた奥多摩湖の水辺もかなり狭まってきて、もう〝川〟と呼んだ方がいいだろう。脇に連れそう道（この辺も青梅街道という）も上り勾配がきつくなって、山道めいてきた。

珍名バス停が多い奥多摩湖周辺、山梨県内に入って数キロのあたりにも「お祭（おまつり）」というのがある。雲取山登山ルートの入り口にあたる所で、登山姿のグループが降車していったが、丹波

バス終点の丹波。古びた三角屋根の車庫がいい。

とろろそば。ナルトが懐かしい……。

「やまびこ食堂」片隅のグッズコーナー。

山村は獅子舞の祭礼が盛んな地域というから、そういう民俗伝承系の名の由来でもあるのかもしれない。

丹波山村の役場がある丹波役場前、中宿、と通過して終点の「丹波」に到着。奥多摩駅前からほぼ1時間だ。この青梅街道をさらに西進すれば、中央本線の塩山あたりに出るようだが、現在の公共交通のルートはこの奥多摩からのバスしかないようだ。

丹波の停留所にはバス1台が収まる古びた三角屋根の車庫があり、すぐ脇に井戸水が勢いよく噴き出す手洗い場が置かれ、いかにも山間集落のバス駅風情が漂っている。向かい側に見える寺の先は川際の崖地で、川を挟んだ南東方の山上に小さな城が見える。はて？　こんな村に城などあったのか……。

崖下に架けられたつり橋を渡って、川の向こう岸に行ってみよう。この橋のフェンスに〈多摩川（丹波川）〉と表示されていたが、多摩川上流域にあたる丹波川は、その語感からも察せられるとおり、多摩の語源という一説がある。もっとも、多摩（たま）がすでに存在していたところに、それが訛って丹波（たば）の地名ができあがった、とも考えられるようで、正確にどちらが先なのか、よくわからないが、音の出所は同じと思われる。もしや、この辺で風邪がハヤって、村人の鼻がつまってタバとなったのかもしれない。

つり橋を渡った先はキャンプ場で、子供たちが川遊びをしている。その一角の食堂（やまびこ食堂）で昼食をとることにした。

〈丹波川鮎　食べたことありますか？〉なんて張り紙が出ていて、売店で鮎の絵柄のTシャツまで売っているので、てっきり鮎料理を出すのか……と思ったら、村の名物に謳っているものの、メニューにはないという。冷たいとろろそば、さしみこんにゃく、わかさぎ天ぷら……などを頼んだが、どれもおいしい。しかし、おかみさんに尋ねた〝わかさぎの産地〟はぼかされたから、地場のものではないのだろう。

昼めしを食べているとき、オニヤンマと思しき大きなトンボが店内に紛れ込んできた。雷も鳴っていたから、雨を察知したのかもしれない。これから、村自慢の〝ローラーすべり台〟というのにトライするつもりなのだが、大丈夫だろうか……。

一応今回は携帯式の補虫網（66ページからの石神井公園の回で使用）を持参してきたので、サオをネットにセットして昆虫を探しながら歩いた。途中、「グリーンロード」と名付けられた山斜面の道に入ったが、雨がぽつりぽつりと降り出してセミの声も聞こえてこない。ローラーすべり台の入り口に到着する頃は雨足も強くなってきた。

「日本一のローラーすべり台」と謳い文句が掲げられたこの装置、山の斜面を利用して、長

ビニールボード（雨よけのため頭上に）をもって坂上まで行って、長い滑り台を一気に降りる。

さ・247メートル、高低差・42メートルをすべり降りる。ローラー状の路面をビニールボードに座って滑走していく簡素なしくみなので、雨でローラーが水びたしになるとスリップ事故を危惧して休止になってしまう。

「オープンして29年、ほら、ダイゴのおじいちゃんの〝ふるさと再生事業〟ってのがあったでしょ。あのオカネで作ったんですよ」

冗談好きそうな係員の男から、唐突に〝ダイゴのおじいちゃん〟といわれて、一瞬ダレ？　と思ったが、ダイゴ＝DAIGO、つまり竹下総理の話である。あのバブル期に支給された約1億6千万円の資金で整備されたものらしい。

「村のシンボルにしようってことで、上の乗り場の所に〝お城〟を建てた。まぁ、がらんどうのハリボテみたいなつくりだけどね」

そう丹波に着いたとき、遠方に見えた気になる城はコレだったのだ。

すぐに次の雨雲がやってきそうなのでのんびりしてはいられない。

先頭のなかむら画伯に続いて、スキージャンプ選手になったような心地でボードにヒザを曲げて座り、軍手をはめた手で両脇の安全棒に時折ふれながら下へとすべっていく。横幅のない単線トロッコ軌道のようなルートは、けっこうな急カーブがあったり、身が浮きそうな急勾配のポイントがあったり、こりゃ予想以上にスリリングで面白い。どうにか無事にゴールしたけれど、どこかでヘタに身をねじったのか、翌日右の腰上あたりがイタかった。

捕虫網を手に丹波の集落を歩く。ようやく晴れてきた。

坂を下って、丹波川際を少し下流に行ったあたりに「のめこい湯」という温泉施設がある。露天風呂やサウナ、水風呂……複数の浴槽が設けられた温泉リゾート的なスポット、「のめこい」ってのは、〝ツルツル、スベスベ〟感を形容する方言というが、湯質は単純硫黄泉で、仄かにキナくさい本格温泉のニオイがする。地理的にみて、奥多摩湖の湖底集落に湧出していた温泉の質もこんな感じだったのだろう。

丹波の「のめこい湯」を浴びて外へ出る頃、にわか雨も上がって晴れ間が見えてきた。丹波のバス終点の方に向かって歩いていくと、中宿のバス停の周辺は1本裏の路地にかけて、〈旅館〉や〈民宿〉の看板を出した家が何軒か見受けられる。

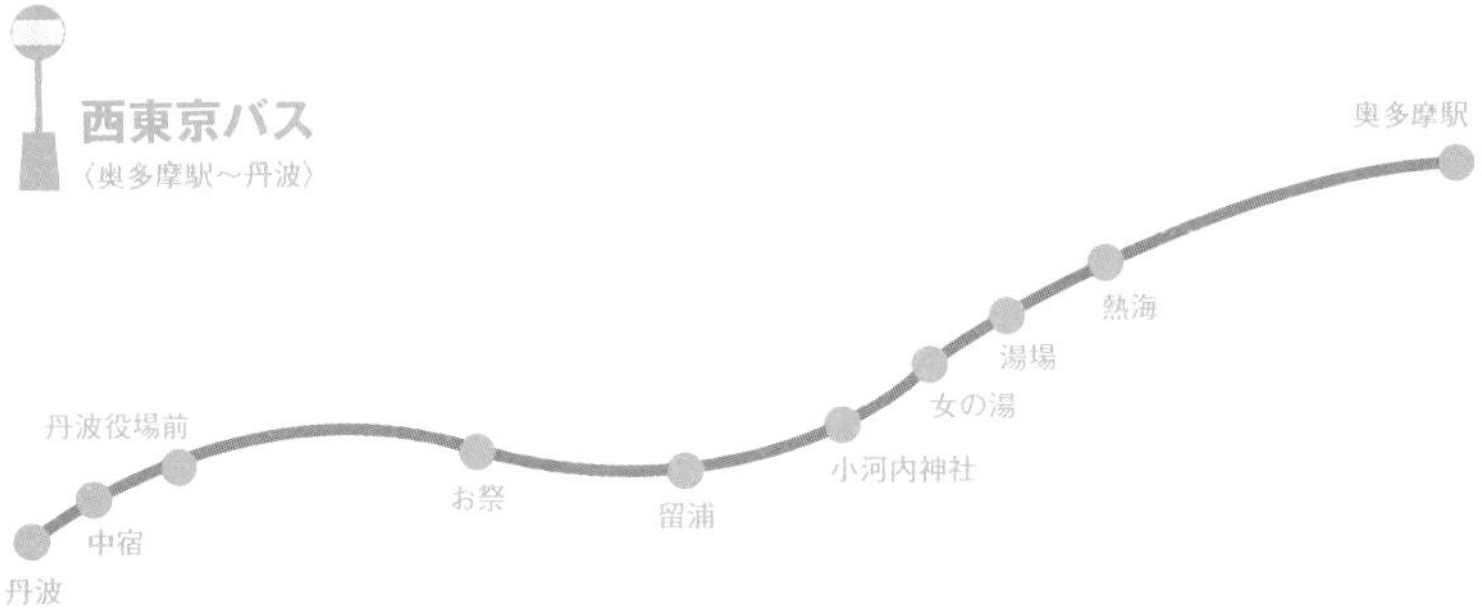

釣り客を相手にしたような宿なのだろうが、中宿の地名からして昔の青梅街道の宿場として、古くから商人宿なんかをやっていた家もあるのかもしれない。

そんな、どことなく懐かしい田舎町の路地のような一角で、ひらひらと飛んできた黒いアゲハチョウをネットに収めた。一瞬、山間に多い、光沢の美しいカラスアゲハか……と期待したが、残念ながら都心でもよく見るクロアゲハだった。

44

大宮　盆栽村の盆栽踏切

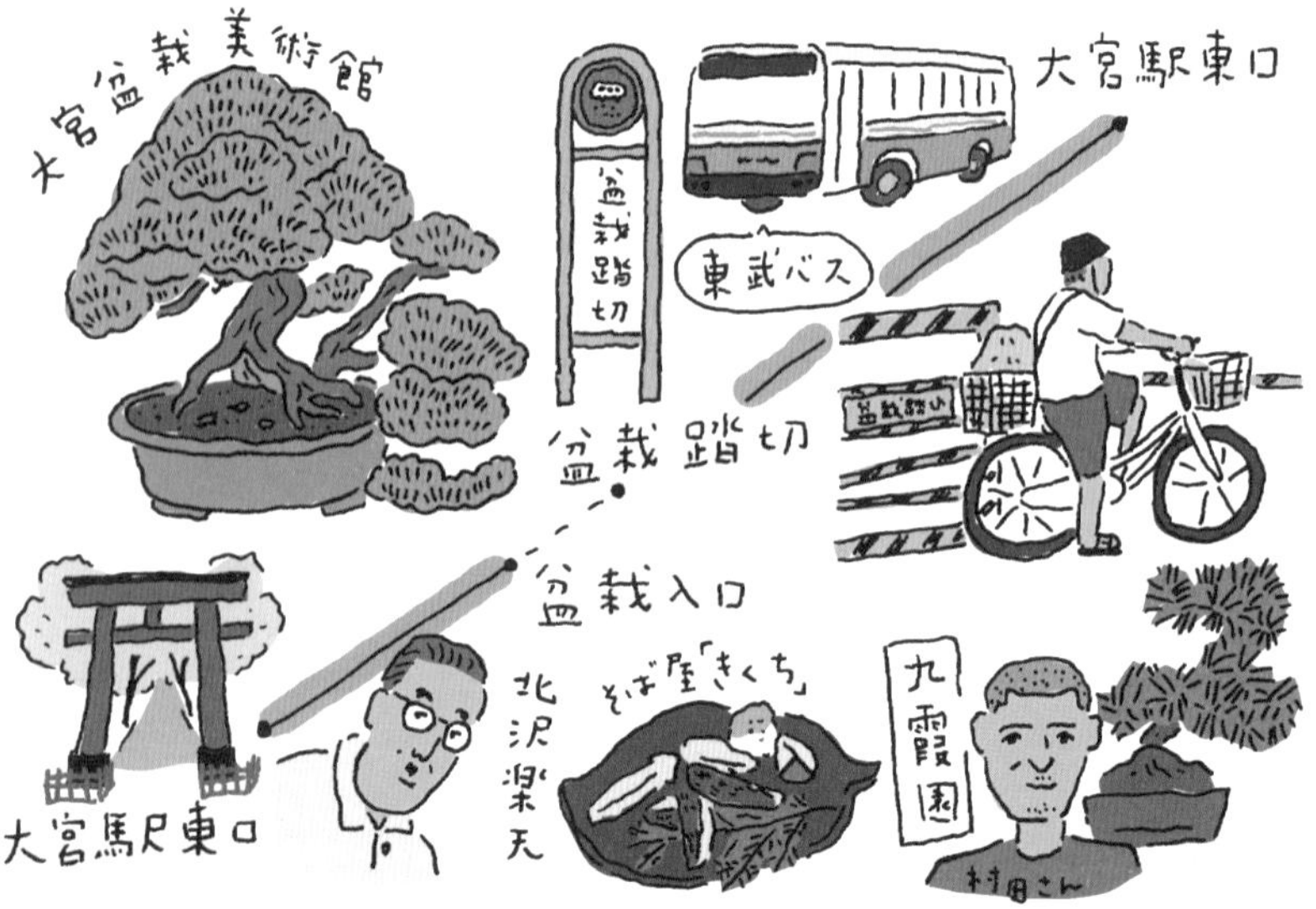

東武バス

大宮駅東口→盆栽踏切→盆栽入口

東北本線などが走るJRの盆栽踏切。少し手前に東武バスの停留所がある。

大宮駅の東口でバスを待つ。乗車する〈大42〉という系統の東武バスは、ちょっと北方の宮原の方まで行く路線だが、どこかで渋滞でもしているのか一向にやってこない。30分余り待って、ようやく目当てのバスに乗り込んだ。

カラオケ館や庶民的な酒場（「いづみや」というのが有名）が目につく駅前を出たバスは、旧中山道を北進して北大宮駅の横のアンダーパスをくぐると、少し先を右折する。今回、僕がこのバスに乗ろうと思いたったきっかけは、富士フイルムの工場の先に存在するバス停「盆栽踏切」。

盆栽踏切——バスナビ（アプリ）の路線図でこの停留所を見つけた瞬間、なんともいえない旅情をかきたてられた。もちろん、これは近くに存在する、「大宮盆栽村」に関係したバス停なのだろうが、なんとしてもこの盆栽踏切から盆栽村の界隈へアプローチしたい。

さて、「盆栽踏切」の本体は、バス停から100メートルほど南下した東北本線に設備されている。とくにこの踏切に〝盆栽のオブジェ〟なんかが装飾されているわけではないけれど、渡った向こう側にいわゆる盆栽村の中心地が広がっている。

盆栽踏切近くのソバ屋「きくち」の天せいろ。

そちらに行く前に踏切近くのそば屋「きくち」で昼食をとっていこう。廊下の向こうに裏庭が眺められる、京都の町家のような佇まい。僕らが通された小座敷の床の間にも小さなマツの盆栽が飾られていた。玄関先に〈本日入荷〉と掲げられていた松茸（1600円はお値頃！）と鴨焼きなどをもらって、スタッフ各人好みのそば（僕は3種のそばが盛られた天せいろ）を食べたが、どれもおいしかった。とくに肉厚で柔らかい鴨（合鴨）がいい。

盆栽踏切を渡ると、道づたいに桜が植え込まれている。幹が曲がった老木が目につくから、かなり古くからの桜並木だろう。ちょっと成城や深沢あたりのお屋敷町を思わせる。ところで、〝盆栽村〟というのは、映画村なんかと同じ俗称だが、ここは地図に載る行政上の町名も盆栽町で、大宮盆栽町郵便局というのもあれば、盆栽ナンタラハウス……みたいな名義のマンションやアパートも見受けられる。

桜並木を成城や深沢の町並にたとえたけれど、住宅も垣根や庭木を設えた立派なお屋敷がほぼマス目状の区画に配置されている。マンションやアパートになった所も含めて、元は盆栽を作る植木屋の敷地だったのではないだろうか……。

町角に掲示された地図に「大宮盆栽美術館」や「〜園」などの盆栽屋に混じって一つ、「漫画会館」というのがある。なんだろう？　と思って行ってみると、ここは明治から昭和初めにかけて時事風刺漫画で世に知られた北沢楽天画伯のミュージアムなのだった。

福沢諭吉が創刊した「時事新報」の挿画で注目された楽天は29歳で独立、「東京パック」というタイトルからしてモダンセンスが感じとれる時事風俗誌を自ら編集する。明治38年（1905年）から大正時代にかけて発行された雑誌のバックナンバー（複写）が保存されていたが、時の政治家や有名人をコミカルな絵と文章で茶化したり、批判したりの構成は「滑稽新聞」の宮武外骨あたりにかなり刺激を受けたのだろう。

盆栽村のこの地が晩年の住居だったというが、もともと大宮駅近くの中山道宿の本陣の家柄で、つまり生粋の大宮人だったようだ。

この漫画会館のある道は「かえで通り」、少し先の横道は「しで通り」といった具合に、各樹木を植え込んだ通りの名が表示されているが、「もみじ通り」の一角にある盆栽の老舗「九《きゅう》霞《か》園」に立ち寄って、3代目の村田行雄さんに盆栽村の歴史を伺った。

「大宮の盆栽村が立ち上がったのは1925年、大正時代の終わり

盆栽町の街路には盆栽調の樹木が目につく。

盆栽の様々なことが学べる大宮盆栽美術館。庭には名木が飾られ、駐車場脇には盆栽売り場が設けられていた。

……関東大震災で焼け出された千駄木あたりの盆栽園が移ってきたんですよ」

千駄木というと、こういう盆栽屋が漱石の「三四郎」なんかに描かれた団子坂の市の菊人形なども作っていたのかもしれない。

「盆栽の栽培に適した広い土地、きれいな水、空気、土（関東ローム層の赤土）を求めて大宮の地を選び、東京都文京区の大和郷（やまとむら）を参考に町づくりが始まりました」といった解説が九霞園のＨＰに書かれているが、本駒込6丁目のお屋敷街・大和郷をモデルにしたというこの説は興味深い。ちなみに九霞園を開いた初代・村田久造氏は大学時代に病気療養でこの地にやってきて、盆栽村開村時からいまも続く「蔓青《まんせい》園」で仕事を習って昭和4年（1929年）に園を始めた。数年前、相続税の関係で敷地の多くを住宅に切り売り、庭の規模は狭くなってしまったが、由緒ある〝お宝盆栽〟がいくつもある。

昭和8年（1933年）頃から数年間、国後島で採取してきたという〝ヴィンテージ物〟のエゾ松、三笠宮家、秩父宮家が所蔵していた五葉松……値が付けられない（つまり非売品）盆栽が平然と陳列されていた。

けやき通りというのを土呂駅の方へ歩いていくと、大宮盆栽美術館がある。この辺、静かな住宅地の街路だが、外国人の観光客がけっこう歩いている。欧米系もいれば、中国、アジア系の人々も……。日本以上に海外に知られた観光スポットなのかもしれない。取材アポを取っていたので、職員の方に館内を案内してもらった。

初歩的な盆栽鑑賞法として、①正面を見極める（幹や枝の形をよく見る）②下から見上げる、といったセオリーがあるようだが、いくつかの〝符丁〟が耳に残った。たとえば、ジン・シャリ。年季が入って白く枯れた枝をジン（神）、同じく白枯れした幹の部分をシャリ（舎利）と呼ぶのだ。その当て字からして、神々しい表現なのだろう。

折れ曲がった幹、枝葉の格好によって、吹き流し、懸崖《けんがい》、根連《ねつら》なり……なんてオツな名称があり、盆栽の育成で一番大切なのは結局「水やり（毎回の水のやり方）」である……といったことを伺った。

この美術館の庭にも、言われてみると「ほ、ほぉー」と感心の溜め息が出る歴史盆栽がある。根津美術館のコレクションでも知られる実業家・根津嘉一郎から岸信介、佐藤栄作ら歴代の総理大臣のもとに渡ってきたという由緒ある花梨《かりん》の盆栽。それ

ジンシャリ感漂う五葉松。由緒ある名家のものだったのかもしれない。

から大隈重信邸の廊下や庭にずらりと陳列された盆栽の写真も展示されていたが、こういった歴史上の偉人から「サザエさん」の波平さんまで、盆栽はまさに日本人の生活に根付いた趣味だったのだ。また、茶器や絵画のように作家の名が表に出ることはなく、まず所有者の名が語られるあたりも盆栽という作品の特徴だろう。

ところで、ピークの昭和30年代当時、35軒ほどあった盆栽園が現在6軒になってしまったという。立派なミュージアムまであるのだから、大元の盆栽園もなんとかがんばって残って欲しいものだ。盆栽美術館の駐車場の脇に、比較的値頃の盆栽を並べた露店があった。3、4千円くらいの小さな鉢のケヤキなんかもそれなりの味わいがあるけれど、先に最上級の盆栽ばかり見てしまったので、もうひとつ食指が動かされない。

美術館東方の産業道路には「盆栽入口」なるバス停がある。

帰路は美術館の東方の産業道路を走るバスに乗ってみたい。〈大47〉というこちらのバスは、日に数便しかないレアな路線なのだ。「盆栽入口」というバス停（この名も、事情を知らない人が見たらナンだ？　って感じだろう）で待っているとき、〈結婚式場　宴会　清水園〉の看板が目にとまった。「〜園」の名義からして、ここも元盆栽園か……とイメージしたのだが、明治時代に氷川神社（大宮公園）の参道で割烹料理屋として始まった老舗らしい。が、大宮の盆栽村を立ち上げた盆栽園（清大園）の主人の名も清水姓だったはずだから、何らかの縁

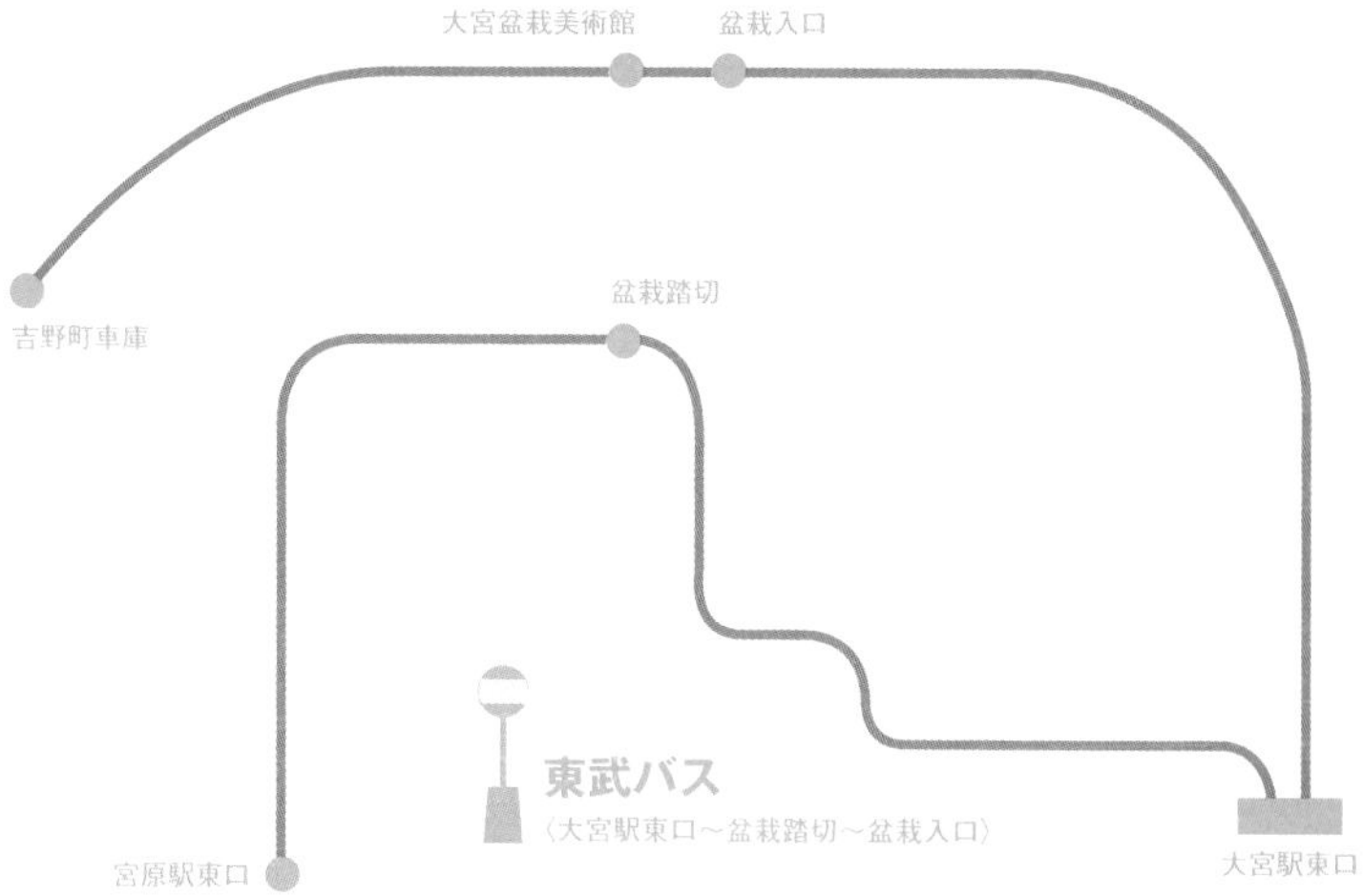

はあるのかもしれない。

　バスを途中下車して散策した大宮公園は、氷川神社の境内を中心にした一帯だが、公園としての歴史も古い（明治18年〈1885年〉開園）。一角にある野球場（大宮球場）では昭和9年（1934年）に来日したベーブ・ルースの日米野球も行われた。プロ野球の会場に使われていた時代もあった。

　氷川神社は〝武蔵一宮〟と冠された、大宮の地名の源ともいえる場所。本殿に近い横道から入ったので、まず本殿の前で参拝してから、三の鳥居、二の鳥居……と駅の方へ向かって長い参道を歩いた。何度か歩いた参道だが、本日はクスノキやケヤキの高木のたもとに伸びはじめた若木についつい目がいく。

　あれ、いい感じの盆栽になるんじゃないかなぁ……。もちろん、勝手にひっこぬいて持ち帰るわけにはいかない。

45

日本橋から新富町へ　江戸バス老舗巡り

江戸バス

本石町三丁目→中央区役所

東京のコミュニティーバスにも何度か乗ってきたけれど、都心のド真ん中・中央区を巡回する「江戸バス」というのがある。これを使って、日本橋界隈の〝江戸気分〟のスポットを散策しようというプラン。

日本橋の橋上、青銅の麒麟像の前に集合した。この翼のある麒麟の彫刻などを欄干にあしらった、現在の日本橋が竣工したのは明治時代の終わりのことだが、広重の東海道五十三次で知られるとおり、日本橋は江戸の頃から日本随一の有名橋だった。橋の北詰には、道路の起点を表す石碑がある。

三越の手前を曲がって外堀通りの方へ行くと、一石橋の脇に「迷子しらせ石標」というユニークな史跡がある。首都高のたもとの見落としそうな地味な石柱だが、いわゆる〝伝言板〟の原点なのだ。片側に「たづぬる方」、もう片側に「志《し》らす類《る》方」と彫り込まれていて、つまり迷子になった子の名を記して〝たづぬる〟の側に貼り出すと、発見者が〝志らす類〟の側に情報を寄せる、というしくみ。安政4年（1857年）に設置されたらしいが、つまり、この辺は迷子が頻繁に出るほどにぎやかな場所だった、という証なのだ（湯島天神や浅草寺にも同じものがある）。

日銀本店の裏、本石町三丁目から江戸バスに乗車する。

常盤橋際の公園に立つ渋沢栄一像をちらりと眺め、威風堂々とした日銀本店〈明治29年〈1896年〉竣工〉を横目に「本石町《ほんごく》三丁目」から江戸バスに乗ろう、と思っていたら、タッチの差で赤い江戸バスは行ってしまった。ほぼ20分間隔のバスを待つ間、三越のライオン像の前から向こう側のコレド室町の方へ渡って、ビルの裏庭のような所に再建された福徳神社に立ち寄る。800年代後半に創建されたという古社だが、昭和の戦後は長らく周辺のビル屋上にひっそり祀られていたという。福徳神社の奥にもう一つ、薬祖神社というのがあるけれど、これはその名のとおり、薬祖神というのを祀った薬の神社。周辺の日本橋本町界隈は大阪の道修町にあたる、薬品会社の密集地帯なのだ。

さて、本石町三丁目からいよいよ江戸バスに乗車、赤いカラーに丸っこい猫キャラが描かれている。このバスのルート、新日本橋駅の交差点からそのまま広い江戸通りを進んでいくのかと思ったら、一旦三越の方へ戻って、〈江戸桜通り〉の表示が出た一方通行の道に入っていった。「日本橋保健センター」、なんていうコアな施設名の停留所がコミュニティーバスらしい。〝裏日本橋〟みたいな街並を通りぬけて、堀留町から小伝馬町、馬喰横山あたりの問屋街、浜町の明治座前から清洲橋が垣間見える中洲の方を回って箱崎町から人形町へと上ってきた。

水天宮前で降車、人形町の交差点まで歩いてきた。ひと頃まで目についた、2階建ての背の低い商店も随分少なくなってしまったが、堀留町寄りの右側に「うぶけや」という老舗が昔の佇まいのままがんばっている。

木造屋に“右先読み”の趣ある看板を掲げる「うぶけや」。

手元にある『1960年代の東京』（毎日新聞社・刊）という写真集に65年撮影のスナップが載っている。入母屋造りの末広亭（寄席）と隣のアリナミンやハイシーの看板を出した薬屋は消えてしまったが、その隣の「うぶけや」の姿だけはいまと同じだ。包丁、ハサミなどの刃物を製造販売するこの店の創業は天明3年（1783年）。当初の地は大阪だったが、1800年代に江戸の堀留町界隈に移ってきて明治維新にはいまの場所に店を開いていた。

壁に明治期の〝文化財の鋏《はさみ》〟が展示されている。弥吉、作次郎、といった名職工が手掛けた一尺二寸（36センチ）の立派なハサミを眺めていると、刃の微妙な曲線、ネジの形……パーツの一つひとつに味があって、道具を超えた工芸品の趣がある。

現行のハサミも様々な種類がある。花鋏、紙切鋏……蚕《さん》体《たい》鋏というのはいまどきは眉の手入れにも使われているが、その名のとおり、もとは蚕《かいこ》の眉ならぬ繭に切り込みを入れる養蚕作業で使われていたのだ。 ちなみに、「うぶけや」の屋号は、うぶ毛も剃れる、切れる、抜ける刃物という意味合いだ。そう、なかむら画伯は持参した包丁の刃研ぎを依頼していたが、こういう手入れや修理もやってくれる。

包丁の話が出たところで、ちょっと腹も減ってきた。「来福亭」でランチをとることにしよう。人形町は洋食の名店が多い町だが、この店は人形町通りの甘酒横丁交差点を南西方へ入ってすぐの右手。昼どきは店前に「玉ひで」の長い行列（親子丼目当て）ができているが、手前のここは割合とすんなり入れる。もっとも、この日は11時半で１階のテーブルは満席だったが、予約を取っていたので、２階の座敷間に通された。何度も来ていて２階は初めてだが、玄関脇の急な階段をくねっと上っていく感じは、いかにも花街洋食の古い店らしい。

昔、話を伺ったときに「明治37年（１９０４年）の創業」と聞いて、僕の著書にも書いているのだが、顔なじみの女性店員に確認をとったら「あら、もっと後、昭和でしょ？」と言われて、よくわからなくなった。ともかく、いまの木造２階屋は戦災で焼けた後の昭和23年（１９４８年）頃の築という。ここに来ると頼むのは、カニヤキメシというメニュー。いわゆるカニチャーハンだが、日本風のヤキメシって感じのショウユ風味がいい。なんたって、カニヤキメシって語感が絶妙だ。これにカキフライなど頼んで、食後は並びにある大正８年（１９１９年）創業の古典喫茶「快生軒」へ。「〜軒」という名義も古いが、屋号の冠に「喫茶去《きっさこ》」という独特の呼称が付いている。酸味の効いた熱い珈琲は、いかにも昭和の町喫茶のウマい珈琲の味だ。

先の江戸バスの「人形町駅」の停留所は来福亭のすぐ先にある。道の

甘酒横丁近くの名洋食「来福亭」のカニヤキメシとカキフライ。

向かい側は谷崎潤一郎の生家が建っていた所で、いまも「谷崎」とか「細雪」とかの看板を出した小料理屋が存在している（谷崎氏との因果はわからない）。

こちら方向のバスも、日本橋区民センター、箱崎湊橋通り、なんていうコアな停留所を通過して、新川から八丁堀に入って終点の「中央区役所」の前へやってきた。

区役所のすぐ前の首都高の上に架かる三吉橋は、川が流れていた時代から丁字の分岐点に渡されたＹ字型の橋として珍しがられていた。この橋を新富２丁目の側に渡って、ちょっと行った先、新富橋脇の十字路の角に建つ足袋の「大野屋總本店」に立ち寄った。

屋根と同じ側に軒が突き出した、古めかしい出桁《だしげた》づくりの建物、僕はこのあたりを散歩するたびについついカメラに収めてしまうほど気に入っている。が、店内に入って、御主人にちゃんとお話を伺うのは今回が初めてだ。

取材に応じてくださった店主の福島茂雄氏は50代初めの世代というが、勝手にイメージしていたこの店の主にしては若々しい。大野屋は１７７０年頃、安永年間に三田で創業、ここ新富町に移ってきたのは嘉永２年、１８４９年の記録があるという。当時、すでに足袋の生産はしていたが、明治５年（１８７２年）に新富座、さらに明治22年（１８８９年）に歌舞伎座が開場して、歌舞伎の役者と周辺の新橋、新富芸者……といった梨園、花柳界の人たちが重要な顧客になっていく。とくに、役者の足もとを細く、美しく見せるべくデザインされた足袋は「新富形足袋」の俗称で親しまれている。

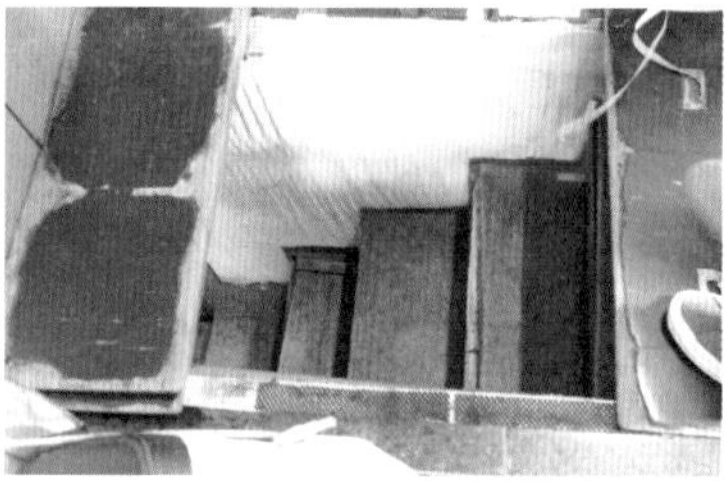

新富橋東詰に美しい木造の２階屋を残す足袋の「大野屋」と“秘密の地下階段”。

さて、僕が気に留めていた現在の建物は、さすがに明治の頃からそのまま、というわけではないけれど、大正の関東大震災の直後に建築されたもので、昭和20年（１９４５年）の空襲には焼け残った。その後、骨組に鉄骨を入れて耐震補強も施されている。

１階の品棚には伝統的な新富形足袋から手ぬぐい、福足袋と呼ばれる赤ん坊に履かせる可愛らしい足袋も並んでいるが、この辺は〝装飾グッズ〟として外国人観光客に人気らしい。先代主人がイラストを描いたというキュートなイノシシの柄の手ぬぐいもある。

ところで、今回おもわず声をあげるほど興奮したのは、店の裏方を案内してもらったことだ。まず、板床のフタを開けると、秘密めいた階段があって、倉庫に使われている地下室が現れる。かなり奥まで掘り込まれているこのスペース、元は戦時中の防空壕に使われていたらしい。１階の奥の書庫のような場所には、お得意客の足袋の型紙が保管されている。ここで詳しく名前などを挙げることはできないが、ちらりと見せてもらった有名歌舞伎役者や女優さんの〝足型〟に目が点になった。あのヒトも、このヒトもいる。採寸した日付、修正した日付、などが細かく記されているようだから、これはちょっとした〝裏芸能データバンク〟といえる。

江戸バス
〈本石町三丁目～中央区役所〉

そして、天井を突きぬけるようなハシゴ段を上っていった2階は足袋の製造工場になっていて、老若10名ばかりの職人が黙々と働いていた。机のミシンの大方が黒い年代物のジューキミシンで、とくにベテラン職人が使っている「HAPPO」のロゴが入った爪先用のミシンは、昭和初めのドイツ製というから、何代も受け継がれてきたのだろう。

それと、年季の入った裁ちバサミも目につく。

「この前に人形町の『うぶけや』さんを訪ねてきたんですよ」

ためしに伺ってみたら、

「ああ、何本も使ってますよ。お世話になってます」

御主人からうれしい答えが返ってきた。

老舗はつながっているのだ。

大野屋總本店店主の
福島さん

46

草加せんべいを焼いて、酉の市の発祥地へ

東武バス

竹の塚駅東口→花畑桑袋団地、大鷲神社入口→六町駅

東武の竹ノ塚駅は、以前西口から川口の安行の方へ行くバスに乗ったことがあったけれど(前巻・21話)、こんどは東口から出る花畑《はなばたけ》桑《くわ》袋《ぶくろ》団地行きのバスに乗る。

東口は駅前から昭和スタイルの団地が広がっているが、これは僕が小学生だった昭和40年代初めにできあがったもので〝田んぼのなかのアパート〟とかいわれて話題になったことを覚えている。久しぶりに乗ったオレンジ色の東武バスは旧日光街道を北上して、清掃工場の先で広いバイパス(日光街道)と合流する。埼玉との県境になっている毛長川の橋を渡った先の瀬崎町で途中下車、街道沿いをちょっと北に向かって歩く。

この辺から1軒、2軒……ぽつぽつと目にとまるのが「草加せんべい」の店の看板だ。取材のアポをとった「いけだ屋」という店は、谷塚駅入口の先の交差点の角に建っていた。店に入る前、ふと目についたのが道の向かい側の角に置かれた〝火あぶり地蔵〟という野地蔵。いわゆる身代わり地蔵の一種だろうが、なんとなく火であぶるせんべいとの因縁を感じる。

いけだ屋は街道に面して店があり、傍らの立派な門をくぐった奥に工場と社長の住まいが配置されたなかなかの規模。今回じきじきに工場を案内してくださった社長・池田彰《あきら》さんは5代目にあたるという。

「この辺は日光街道の草加の宿場だった所でして、そもそもだんごを売る茶店から始まったといいます」

日光街道が埼玉の草加市に入ってまもない瀬崎町でバスを降りる。

草加せんべいの老舗「いけだ屋」の門柱。この裏に工場と社長宅がある。

「いけだ屋」のHPに草加せんべい発祥の解説がある。

「その発祥は『おせん』という老婆が、あまっただんごを焼いたことにはじまるとされています。以来、草加は二合半領という穀倉地帯でできる、良質な米と天然の良水に恵まれ、さらには江戸川流域での醤油の誕生とが重なって、その名を全国に知られることになりました」

いけだ屋がせんべい屋として創業したのは江戸幕末の慶応元年（1865年）というが、ここは大正の震災や戦争の空襲を免れたらしく、工場の内部のつくりなどは実に年季が入っている。たとえば、火を入れる前の型抜きされたばかりのせんべい皮が、金網張りの素朴な台の上に載せられていたが、代々と継承されてきた道具なのだろう。ここに来る途中、トタンの看板を掲げた古めかしい金網屋を見掛けたが、ああいう所でせんべい生産用の金網なんかも作っていたのかもしれない。

うるち生米を製粉し、練り、せいろで蒸して、また練って、あくぬきして、搗《つ》いて、型ぬきし、乾燥させ……それからようやく焼きや味付けの工程に入る。僕らが見たのはほんの部分的な段階だけだが、つまり、安い菓子の割には手間が要るのだ。

乾燥の段階で行われる天日干しの光景を昔の写真集で見たことがあるけれど、いけだ屋ではいまも社長宅の黒瓦の屋根上にせんべいを並べて、晴れた日に天日干しが行われるという。

ところで、せんべいの型は丸いものばかりではなく、小判のような長丸、桜のような花型……いろいろある。保管された金型のなかに〝力士〟とか〝軍配〟とか記されたものがあったが、いけだ屋は古くから角界との縁があってこれらのせんべいは国技館をはじめ、各場所の大相撲会場で販売されるらしい。

　工場での本格的な作業を少し見学した後、外に設置されたキャンプのバーベキュー台みたいなスペースで〝手焼きせんべい〟の体験をさせてもらった。

　ガスバーナー式の鉄板上に白いせんべい皮を載せ、押し瓦《がわら》と呼ばれる小型のアイロンみたいな格好の重しでギュッとプレスしては迅速に裏返しにして、焦げ目が付くくらいまで焼く。それからササッと醤油を塗りつけるのだ。このとき、細い筆を使って、絵や文字を描くやり方もある。僕はまず「バスゆうらん」と記そうとしたが、途中でボタッと醤油をにじませて、わけがわからなくなった。なかむらさんはさすがプロの画伯らしく、手早くオジサンのスケッチを描きあげた。焼いて醤油の焦げ目を引き立たせると、これはちょっとした商品になりそうだ。

　売店には伝統的なせんべいも並んでいたが、その脇のカフェ風スペース

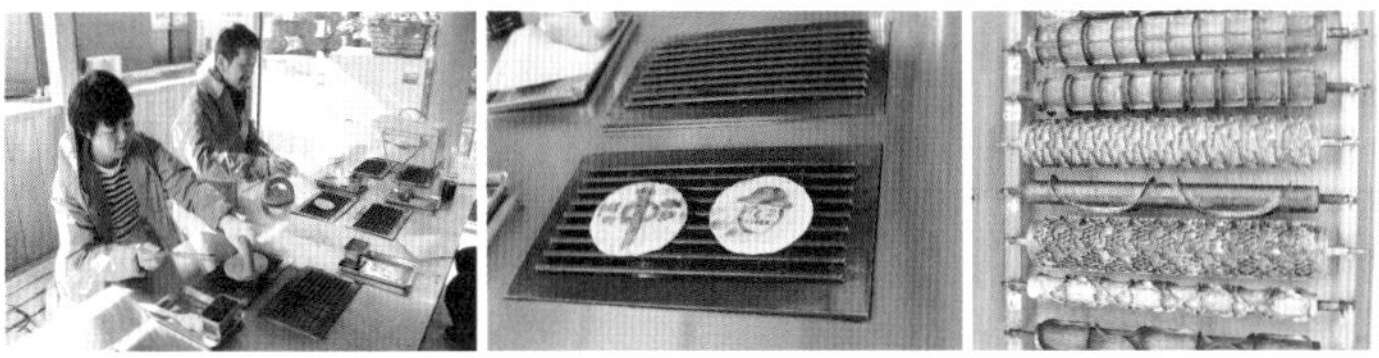

年季の入った道具を使って、社会科見学気分でせんべいを作る。

には、ユニークなメニューも用意されている。焼く前のモチ状のせんべい皮を甘ダレに浸した、「みたらし生せんべい」ってのをいただいたけれど、とろんとしたこの食感、そんじょそこらのみたらしだんごよりウマい。

瀬崎町から再び先のバスに乗った。この瀬崎町という地名を見聞きすると、中学生のクラスで知り合ったイワイハラ君のことを思い出す。彼と仲がよかったのは中1の時期だったから昭和の44年、60年代の終わりだ。初めて（というか一度だけ）遊びに行ったとき、瀬崎町の彼の家から裏の町はずれの方へと探検した。あたりはオナモミというイガイガの実がつく雑草の原からやがて一面の田んぼとなって、送電線の鉄塔が向こうの方まで続いていた。バスは記念体育館通りという新開地のなかの道を八潮の方へと進んでいたが、途中送電鉄塔が見えたとき、ふと昔歩いたのはこの辺ではないか……と思った。あの当時は、まだこの一帯の田んぼで穫れたうるち米が、せんべいの材料なんかに使われていたのかもしれない。

鉄塔の先の小川を渡るとバス終点の花畑桑袋団地。この一角は足立区の北東端が舌先のように埼玉県の側に食い込んでいる。ここから綾瀬川西岸の道を4、500メートルほど下ると、花畑大鷲《おおとり》神社がある。途中、傍らに桑袋ビオトープ公園というのがあったが、周辺は綾瀬川に伝右《でんう》川、毛長川などの細流が注ぎ込む湿地帯だった地域だから、そもそもビオトープのような水辺の自然環境が広がっていた場所に違いない。

この花畑の大鷲神社は以前にも二、三度訪ねているが、取材当日は11月の酉の市（二の酉）、これに合わせてやってきたのである。ちょっと横道に入っていった所に参道の口がある。ふだんは人気のない場所だが、この日はさすがに門前から人が群れて、鳥居をくぐると奥へ奥へと食べ物の露店が続いている。

足立区の本当にはずれの神社だが、実は浅草の鷲《おおとり》神社（こちらは〝大〟の字が付かない）より先に、こちらが酉の市の発祥、という説がある。

「応永年間（1394～1428）より日本武尊《やまとたけるのみこと》の命日とされる11月『酉の日』に、尊への神恩感謝の祭が行われるようになりました。人々が集まるようになると門前市が開かれるようになり、『とのまち』『とりのまち』と称され、農耕具などが売られるようになります。これが後の『酉の市』の起源と言われています」

足立区の北東端・花畑桑袋団地のバス乗り場。

と、神社のHPに書かれている。さらに、ユニークなのは僕が所持する昭和30年代の東京案内書に記述された花畑大鷲神社のこんな〝トリ伝説〟。

「トリの市は八百年前から続いて、祭典にはニワトリを献上し、翌朝は浅草寺の堂前で放すという風習があった」（『東京風土図』）

江戸の後期から市中に近い浅草鷲神社の酉の市の方が主流になっていったというが、この説が真実とすれば、田舎道から日光街道を通って浅草寺まで鶏を運んでいたのだろう。

さて、今回はまだ昼飯を食べていない。並んだ露店のなかの座席付きの所で、おでんと煮込

境内に出た熊手の露店。常連客も多いのだろう。

みをいただいた。おでんに卵、煮込みに鶏らしき肉も入っていたけれど、おいしくいただいた。もはや、先のトリ伝説などを気にする氏子さんもいないのだろう

おっと、忘れてはいけない。酉の市といえば、熊手である。ここは圧倒的に食の露店が優勢で、熊手は本殿の脇道に2、3軒の店が出ているだけだったが、高いものは10万の値を付けたのもある。僕は外商の店ではなく、神社の販売所で巫女さんが売っている「かっこみ」と呼ばれる一番素朴なミニ熊手（800円）を買った。

酉の市の熊手を買ったところで文章を締めてもいいのだが、この門前に「大鷲神社入口」というバス停があって、日に2本（休日は1本）きりのレアな路線バスが停まる。14時2分のこのバス（起点は花畑桑袋団地）に乗って、つくばエクスプレスの六町《ろくちょう》駅へ出ようと思う。

花畑の新興住宅のなかを縫うようにして到着した六町駅前、妙に

竹ノ塚駅前の喫煙所で、気持ちよさそうに、たばこを吸う男性
はにかみ
会社の熊手を買いにいかせられたっぽい若手社員
10万級の熊手を買ったおじさん

東武バス
〈竹の塚駅東口〜花畑桑袋団地〜六町駅〉

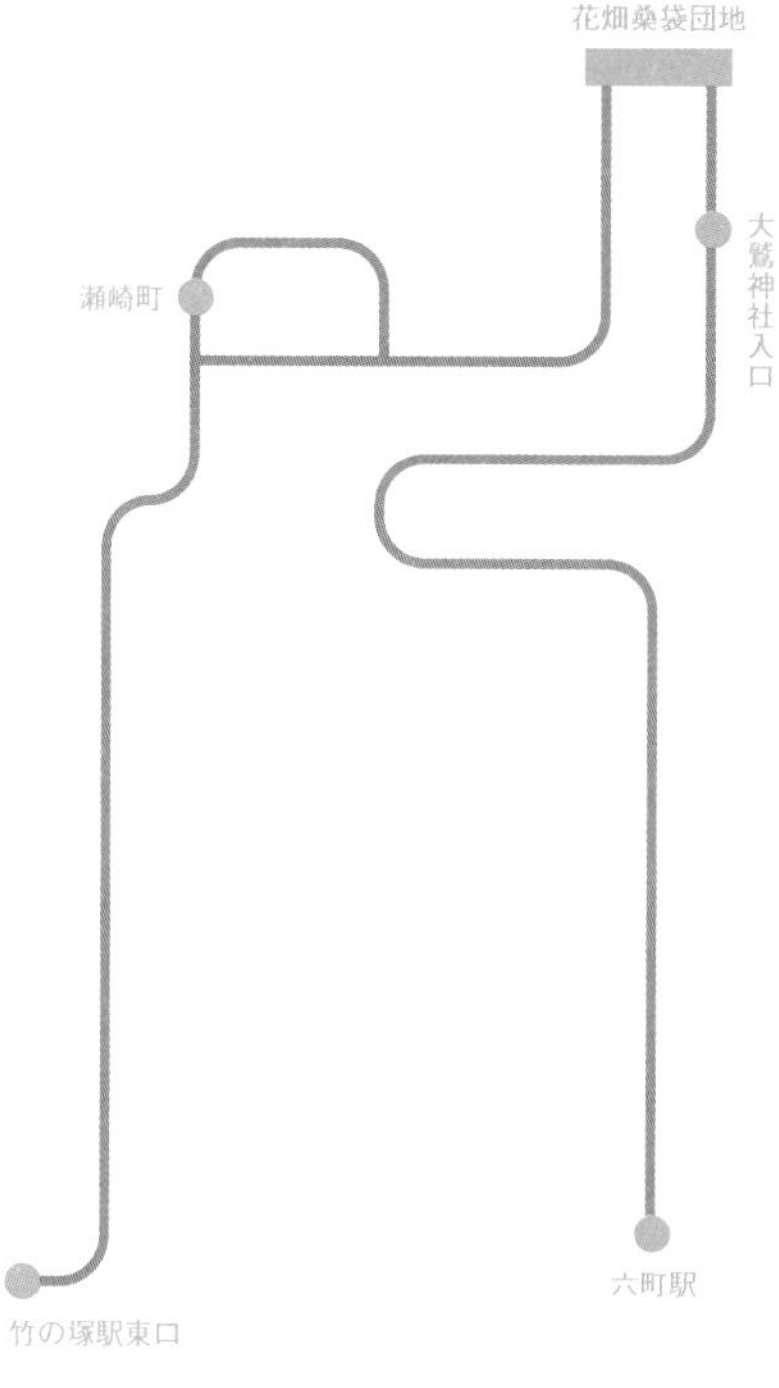

大きなバスロータリーの向こうに郊外タウンらしいスーパーのライフが見える。そうか……つくばエクスプレスに乗れば浅草まで4駅、せっかくだからあちらの鷲神社の酉の市も覗いていこう。

3時過ぎに入った浅草千束のお酉様はさすがにものすごい人混みだった。参拝の行列を横目に、脇の熊手の露店筋をぬけてすぐに外へ出てきたが、こういう酉のハシゴをする人というのはどのくらいいるのだろう。

ちょっと裏の方に入ると、田舎の神社らしい風情が感じられる。

47

川崎　京浜工業地帯の新旧風景

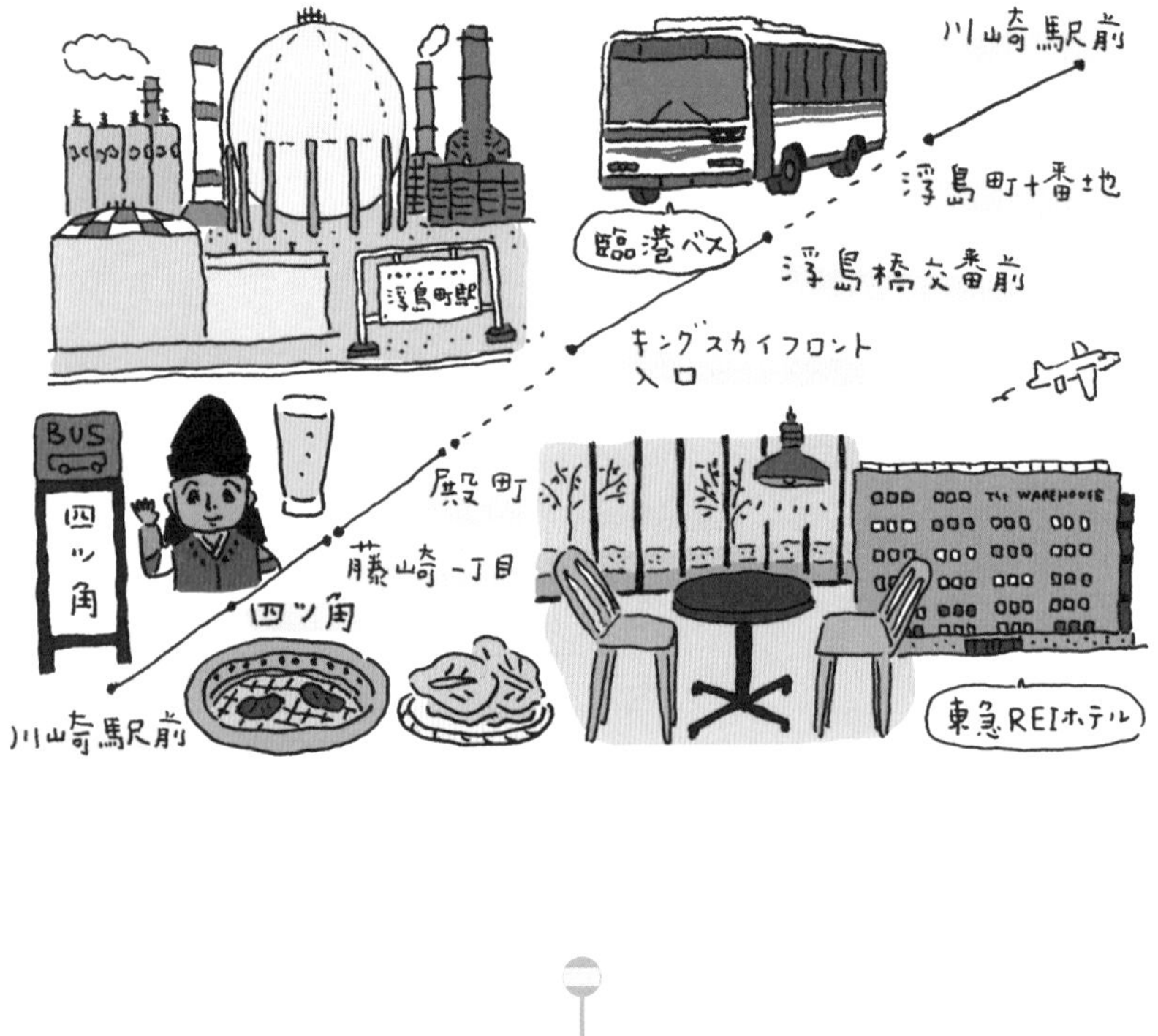

臨港バス

川崎駅前→浮島町十番地、浮島橋交番前→
キングスカイフロント入口、殿町→四ツ角

バスに乗って山へ行ったり、下町を巡ったり、美術館や動物園を訪れたこともあったけれど、今回は工場街の景色を眺めに行こうと思う。

川崎駅の東口16番乗り場から出る〈川03〉浮島バスターミナル行きというのに乗車した。白地に赤と青の帯を入れたボディーカラーの〈臨港バス〉というのは、この連載でも初めて乗る路線バスだ。取材で乗るのは初めてだけれど、川崎市街を走るこの臨港バス、録画して何度か観ている『仲間たち』という映画（昭和39年〈1964年〉・日活）に登場する。舟木一夫のヒット曲を元にした、前のオリンピックの頃の映画だが、ヒロインの松原智恵子が臨港バスの車掌さん役をやっているのだ。

バスはその映画の浜田光夫と松原智恵子のデートシーンにも出てくる銀柳街の横を通り過ぎ、川崎競輪場を右に見て、塩浜の交差点から産業道路に入っていく。首都高大師インターの交差点を右折して浮島通りを進んでいくと、やがてあたりは工業地帯の雰囲気になってくる。近代的な工場も見えるが、昭和の京浜工業地帯らしい錆びたタンクやクレーンなどもぽつぽつと残っている。そんな工場街の道端にいつしか貨物線の線路が並走するようになってきた。正確に言うと、神奈川臨海鉄道の軌道である。

車窓が京浜工業地帯らしくなってきた……。

終点のちょっと手前、「浮島町十番地」というハードボイルド気分の停留所で降車して、来た道を引き返すように歩きはじめた。浮島の地名は、アクアラインを使って木更津の方へ行くときの首都高ジャンクションの名として認識している人が多いのだろうが、京浜工業地帯を広げるために昭和30年代の高度成長期に埋め立てられた人工島のエリアだ。

道の上には首都高の2層仕立ての高架線が続き、周囲は石油タンクや倉庫や何やらよくわからない金属の管や塔……という、言ってみれば殺風景な場所だが、そういう所を寒風吹きすさぶ季節に黙々と歩くのもわるくない。

貨物引込線の傍らを石油タンクを背に臨港バスが近づいてきた（ENEOS株式会社浮島前付近）。

傍らの貨物線が二叉に分岐する地点に〈浮島町駅〉という表示板が立っている。もう少し川崎市街寄りに〈末広町駅〉というのもあるが、これらはいわゆる貨物駅なのだ。今回は、昼の1時過ぎに川崎駅を出発したので、時刻は2時半近く。予めネットで調べてきたこの臨海鉄道の時刻表によると、2時30分近くと50分近くに浮島町駅を貨物列車が出入りするようだ。おそらく、塩浜の大きな貨物駅の方からやってきて、分岐線の奥の工場で荷を積み下ろして、また戻っていくのだろう……ルートを想像しながら分岐点のあたりでしばらく待機していたが、すぐ向こうの踏切警報器も鳴らず、貨物列車は一向に来る気配がない。僕がネットで見つけた時

工場街の一角にできあがったアーバンリゾートホテル「東急REIホテル」。羽田側の眺望がよい。

刻表が古いものだったのか、あるいは貨物線の運行タイムテーブルというのは、工場の操業状況に合わせて日々変更になるのかもしれない。

貨物列車込みの工場の写真は撮れなかったが、貨物線の分岐線に沿うように延びていく道の先にもバスの終点（ＥＮＥＯＳ株式会社浮島前）があって、そちらから工場街を背にしてやってくる京浜工業地帯らしいナイスなバスのショットを撮影することができた。

「浮島町五番地」の停留所を通り過ぎて、「浮島橋交番前」からバスに乗って工場街を後にした。来るときにも通った、「キングスカイフロント入口」の停留所で降車、黒塗りのカフェ（ネイルサロンの表示もある）が建つ道の角を曲がると、その向こうにも「Ｃａｓａ ＢＲＵＴＵＳ」なんかに出てきそうなスタイリッシュな建築物が並んでいる。この一帯、ほんの10年かそこら前の地図を見ると、いすゞ自動車の大きな工場が広がっているが、再開発されて「キングスカイフロント」という職住融合型のニュータウンに生まれ変わったのだ。

浮島通りから入ってきた道の正面に、シンボリックに建っているのが東急ＲＥＩホテル。〈Ｔｈｅ ＷＡＲＥＨＯＵＳＥ〉と外壁に大きく掲げられているが、これはホテルのニックネームのようなもので、ひと頃まで川崎駅前に建っていた大型ゲームセンター（電脳九龍城と呼ばれた）とは関係がない。

灰茶色の外壁と淡いピンクやブルーのカーテンで配色された窓とのコントラストがシャレている。重厚な木の扉を開けて（もちろん自動だが）入ったロビーの装飾も凝っている。天井はパイプや金具が剥き出しになったポストモダン調で、アンティークの調度品が所々に見受けられる。時期によって入れ替えられるのだろうが、この日はカフェの傍らのちょっとしたスペースにカナダの旗を付けたキャンプテントとハンモックが置かれて、アウトドアなムードが演出されていた。

キングスカイフロントのキングは「殿町」に由来するらしい。これはかなりマニアックなネタ元だ。

このすぐ裏側は多摩川の河川敷で、エレベーターで昇った5階（最上階）のレストラン前からの眺望がいい。浮島の工場街を歩いていたときから、時折低空を飛ぶ旅客機が垣間見えたが、川の向こう岸が羽田空港なのだ。右方に旅客機が停まる滑走路、左方に漁師町の面影が残る羽田の元町、ちょうど正面のあたりに弁天橋の脇の赤鳥居がぽつんと見える。うーん、このホテル、羽田のエアポート景色を眺めるには格好のポイントといえる。

そうか、おもえば昔の羽田東急ホテルはこの対岸に建っていたわけだから、ここに新しい東急系のホテルが建設されたのも、そういう土地の縁が関係しているのかもしれない。

ロビーの裏側の戸を開けると、そのまま庭のような気分で多摩川の堤に出ることができる。この辺、いかにもリゾートホテルの感覚だ。堤を少し歩いて、新興住宅の横の公園を通りぬけて、次に乗るバスの「殿町」の停留所までやってきた。そう、キングスカイフロントのネーミング、スカイは羽田にちなんだ〝空〟と聞いたが、頭のキングは地名の〝殿(との)〟にあやかったらしい。

殿町から乗った臨港バスも川崎駅前行きだが、この〈川02〉という系統は、来るときに乗った〈川03〉とは微妙に違ったコースを走る。産業道路の日ノ出の先から片道1車線の横道に入っていって、川崎大師の裏方から〈川03〉バスが通った広い道(富士見通り)に合流する。もう外は暗くなってきて、車窓の景色はよく見えなかったが、こういう裏道を行くバスの方がやはり面白い。

「藤崎一丁目」で降りて、また別の系統の川崎駅前行き〈川23〉に乗り換えた。桜本を過ぎて、次の「四ツ角」というバス停で降車。町の名を付ければ大島四ツ角となるのだが、バス停の名称はただ〝四ツ角〟ってのがなんだか潔い。つまり、四ツ角といえばココ、というほどに古くからその呼び名が定着していたポイントなのだろう。

闇のなかに映える「四ツ角」バス停。

焼肉店や韓国食材店が並ぶコリアンタウンは平日夜ということもあって閑散としていた。

この四ツ角の交差点（元は手前の旧道との交差点が〝四ツ角〟だったのかもしれない）から、バス停の一つ前の桜本にかけての裏筋に韓国食材の店や料理屋が密集するコリアンタウンが広がっている。ディープな食材を並べた商店で「メンタイムンチ」と品札を付けたキムチ色の食品が目にとまって買ったが、このメンタイはメンタイコではなく、卵の大元のタラを意味するもので、これは干しダラをトウバンジャンで和えた、キムチのタラヴァージョンなのだった。

　さて、今回はちょっと早い夕食をコリアンタウンの焼肉店で味わって、バス旅の締めにしようと行程を組んできた。予約した「桜苑」という店は、産業道路の側へ続く通称・セメント通りの入り口近くにあるこの界隈の老舗。ちなみに、焼肉好きの間では有名な〝セメント通り〟の名は、かつて産業道路の海側に存在した浅野セメントの大工場に由来する。いまも別称のセメント工場が残ってはいるけれど、桜本の界隈は大正の震災前から始まった浅野セメントの門前町として栄えた所なのである。

　川崎の隣町、鶴見にも〝ゴム通り〟の符丁で呼ばれる焼肉の名店街がある。こちらの名の元は横浜ゴムの工場というが、やはりこのあたり、京浜工業地帯が町の歴史と密接に結びついているのだ。

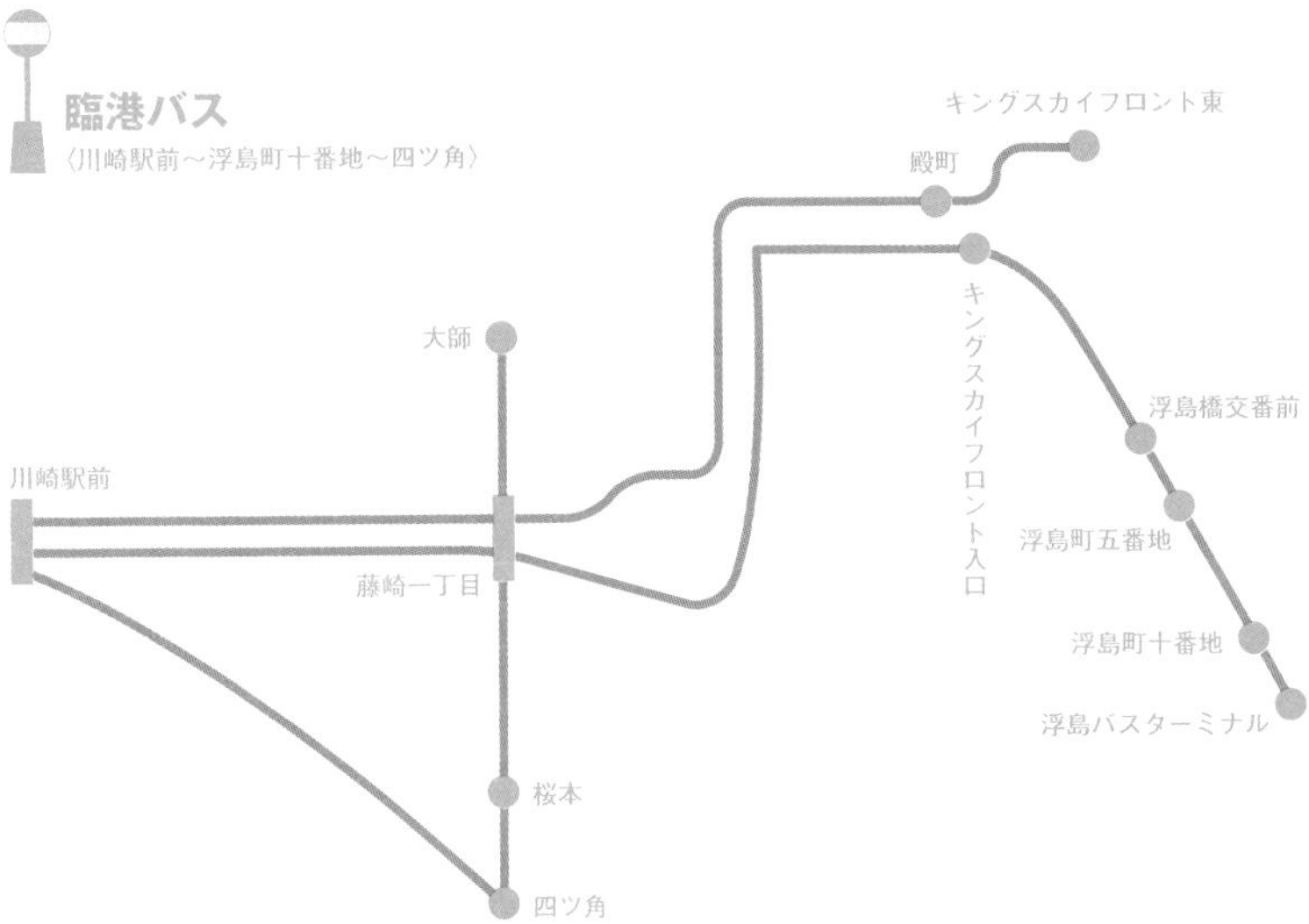
臨港バス
〈川崎駅前～浮島町十番地～四ツ角〉
キングスカイフロント東
殿町
大師
キングスカイフロント入口
浮島橋交番前
川崎駅前
浮島町五番地
藤崎一丁目
浮島町十番地
浮島バスターミナル
桜本
四ツ角

＼工場街で見かけた人々／
キャップとマスクで顔がほぼかくれている
妙に未来的に見える
工場前で談笑する人を見つけてなんだかホッとする
自転車で移動する人が多い

48

イケバスでディープな池袋観光

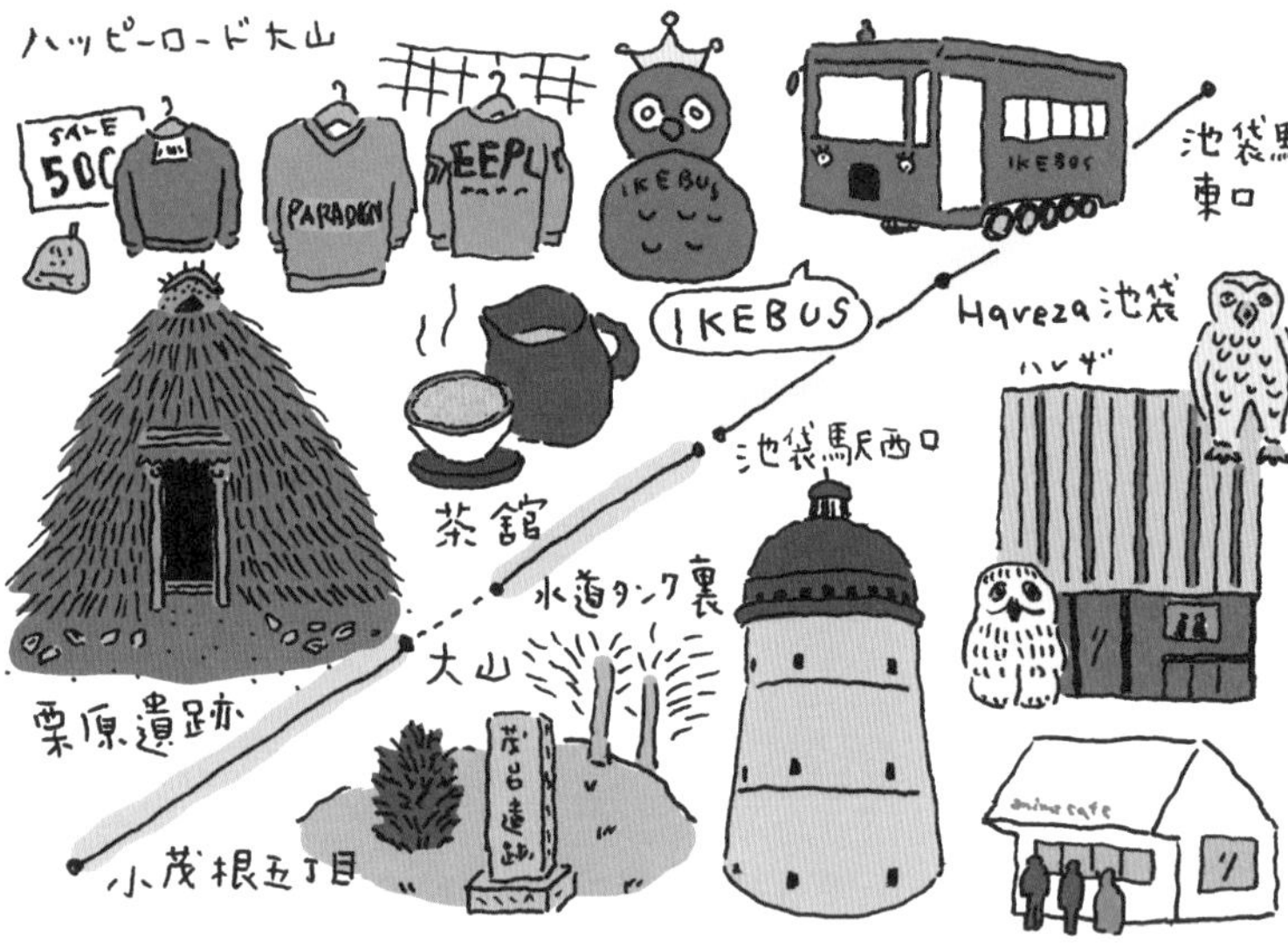

IKEBUS、国際興業バス

池袋駅東口→池袋駅西口（IKEBUS）
池袋駅西口→小茂根五丁目（国際興業バス）

池袋駅東口を走る真っ赤なイケバス。パルコ前に乗り場がある。

去年（２０１９年）の暮れの頃だったろうか、車で池袋のあたりを走っているときに真っ赤な路面電車のようなバスを見掛けた。これが、「ＩＫＥＢＵＳ（イケバス）」という電動のコミュニティーバスで、その年の11月27日から運行していたらしい。あの独特の格好のバスにはぜひとも乗ってみたい、ということで、池袋からスタートするコースを組んだ。

東口のパルコの前あたりに乗り場がある〈Ａルート〉のバスに乗車することにしよう。料金は大人２００円（子ども１００円）だが、何度か乗り降りするかと思うので５００円の１日券を買う。10時10分発のバスを待っていると、テレビ番組の撮影クルーがやってきた。いわゆる〝街ブラ〟モノのロケのようで、レポーターは二、三度顔を合わせたことのある女芸人のＡさんなので、あいさつをして一緒に乗り込んだ。

鮮やかな赤いボディーをしたこのバスをよく見るとフロントの二つの丸いライトの縁にＩＫＥＢＵＳとマツ毛を模したように描かれて、アメリカ漫画のベティー・ブープみたいな可愛らしい顔をしている。冒頭で〝路面電車〟と表現したが、小さなタイヤが前と後に5個（両側で10個）ずつ付いていて、この辺が電車感を醸し出している。

派手なのは外観ばかりでなく、車内も向き合ったイスの一つひとつが微妙に違うデザインに仕上げられていて、これはバスによっても異なるらしい。寄せ木細工模様の床も目にとまる。そう、このイケバスのデザイナーはＪＲ九州の車両をはじめとする奇抜な鉄道デザインで知られる水戸岡鋭治氏なのだ。

「時速19キロのゆっくりした速度で走るんですよ」

なんていったイケバスの知識は僕のすぐ目の前の席でレポートするＡさんや解説役で同乗する広報の方から伝わってくるので、なんだか得したような気分である。

「黄色いイケバスを見掛けるとシアワセになれるって伝説があるそうです」

いったいどこから出た伝説なんだ、と思ったが、大方が赤いバスのうち、黄色いバスが数台（台数は明かせない）だけ存在するらしい。子供なんかは見つけた瞬間大騒ぎするのだろう。

さて、バスのルートの方はグリーン大通りから昔の豊島公会堂周辺の再開発地域に入っていって、一旦南下して南池袋公園の方からサンシャインシティの方へ進んでいく。途中テレビクルーは降りていって、若い男女のカップルが乗り込んできた。その次くらいの停留所から乗ったラフなジャンパー姿の老人がちょうど向かい席あたりのカップルを見つけて、唐突にこう言った。

「台湾か……ニューローメンが一番ウマイね」

そうか、カップルの会話をよく聞いていると、彼らは台湾からきた観光客なのだろう。それにしてもあの老人、一瞬にして台湾人と見ぬいていきなり「ニューローメン（牛肉麺）」のネタフリをするとはなんだかすごい。バスは東池袋の新しい豊島区役所の方を回って駅前

に戻ってきたが、僕らはそのままバスに乗って、一つ目の停留所「Hareza（ハレザ）池袋」で降車した。先に一度通りがかった昔の公会堂と区役所の一帯の再開発エリアだ。まだ工事中の箇所もあるけれど、ここに劇場や映画館が集結、池袋の新たなエンタメ基地になろうとしている。

パティオのように整備された中池袋公園のスタンドカフェの前に、若い女の子たちが列をなしていた。どうやらここで販売される「2.5次元ミュージカル」のアイドル俳優にちなんだスイーツやドリンクがお目当てらしい。この一角をうろうろしているときに〝幸福の黄色いバス〟がやってきた。

Hareza池袋横の停留所から〈Bルート〉のバス（黄色ではなかった）に乗車、東上線や山手線の上に架かる池袋大橋を渡って西口へ向かった。

ランチは駅の西北側ブロック・西一番街に古くからある台湾料理の「茶館」。

ハレザ池袋近辺で見掛けた“幸福の黄色いイケバス”。

池袋周辺の街頭には“袋”にちなんだフクロウのオブジェが点在する。黄色いフクロウを象った郵便ポストも。

ニューローメンの老人に触発されたわけではないけれど、店名のとおり、飲茶《ヤムチャ》気分で小皿料理を楽しめる。小さな急須を使って中国茶を本格的に淹れてくれるし（急須の上から湯をかけたりするアレ）、銘柄物の烏龍茶などをボトルキープすることもできる。

書くのが後回しになったけれど、最近の池袋は「ふくろう」を街のマスコットとしてプッシュしているようで、至る所にオブジェがある。イケバスの停留所ポールの頂にも可愛らしいふくろうの人形が付いていたが、Ｈａｒｅｚａ前の広場には白いふくろう像、郵便局の前にも黄色いふくろうキャラのポストが置かれていた。西一番街から出てきた駅前に置かれたふくろう像は、大きく羽根を広げて、北海道の熊の木彫りのように足もとでシャケをがっしり捕まえている。バラエティに富んだふくろうオブジェを探して池袋を歩くのも面白い。

さてバス遊覧エッセーとしては、イケバスに留まらず一般の路線バスにも乗りたい。池袋の西口は緑色の国際興業バスの密集地だが、今回乗るのは〈池02〉系統の熊野町循環。これに乗って、板橋の大谷口に立つ水道タンクを眺めに行こう。バスは要町通りから山手通りに入って川越街道を左折、熊野町バス停の先から左方の横道に曲がっていく。中丸町坂下、南町住宅、幸町《さいわい》、幹線道路の奥の裏町風の景色のなかをバスは進む。

その次の停留所は「水道タンク裏」。中野通りから続く表通りにも「水道タンク前」というバス停はあるのだが、この「裏」の方からアプローチするのを僕は好んでいる。バス通りと反対方向の路地を進んでいくと、ドーム型の格好の水道タンク（大谷口配水塔）が見えてくる。これ、ひと頃（といっても15年くらい経つか）までは南方の哲学堂近くの野方配水塔と同じ、昭和初めに建設された古めかしい塔だったが、こちらは老朽化が進んでリニューアルされたのだ。その姿はどことなく僕の子供時代のヒーロー、鉄人28号に似ている。

一瞬、鉄人28号を連想させる大谷口の水道タンク（配水塔）。

水道タンク前の広々とした道を北方へ歩いていくと、川越街道を渡った先で長いアーケードの商店街に行きあたる。かつて大山銀座と呼ばれた「ハッピーロード大山」の商店筋だ。東上線の大山の駅横をぬけて旧中山道の方まで続いているこの道が昔は川越街道と呼ばれていたらしい。昭和30年代頃までは沿道に映画館が5、6軒存在したというが、いまは新しい店も増えて、近くオープンするホットヨガの店の看板が目につく。今回は東上線の手前で引き返してきてしまったが、駅の北東側に建つ東京都健康長寿医療センターという病院の前身は、明治時代に渋沢栄一が興した養護施設の祖・養育院である。

さて、もう1本、ちょっとレアな路線バスに乗車しよう。川越街道の大山の停留所にやってくる〈池55〉小茂根五丁目行きというのは、ほぼ1時間に1本しかない。川越街道から環七通りを左折、石神井川を渡った先から右手の地味な道に入っていく。終点の「小茂根五丁目」は、桜並木の街路の一角にぽつんと立っていた。こういう都市の秘境めいたバス終点というのは、そそられる。

ところで、小茂根（コモネ）というなんとなく耳ざわりの良い町名は、昭和40年代初めに小山町、茂呂町、根ノ上町の三つの町を合わせて誕生したもので、近くに派手な名所があるわけではないが、石神井川岸の丘上に茂呂遺跡、栗原遺跡という二つの遺跡が存在する。

まずは石神井川沿いに広がる城北中央公園のなかにある栗原遺跡を園の係員の案内で見せてもらった。目につく茅葺きの上屋は、遺跡が発見された昭和30年代以降に造られたものだが（平成年間に復元）、屋内の仄暗い地面に古代住居の土台らしき穴が確認できる。この周辺で発見された遺跡は旧石器、縄文、弥生から終わりの方は平安時代、というから、かなり長い時代にわたって利用された人気の居住地だったと言っていいだろう。

川の南岸、都立大山高校の傍らのフェンスに囲まれた林のなかには「茂呂《もろ》遺跡」の石碑が立っている。こちらは一見して遺跡とわかる復元オブジェの類は設置されていないが、茂呂というのは静岡の有名遺跡・登呂《とろ》にも似ていて覚えやすい。栗原の方は立教大学の運動場建設

桜並木のもとにひっそりと建つ「小茂根五丁目」終点のバス停。

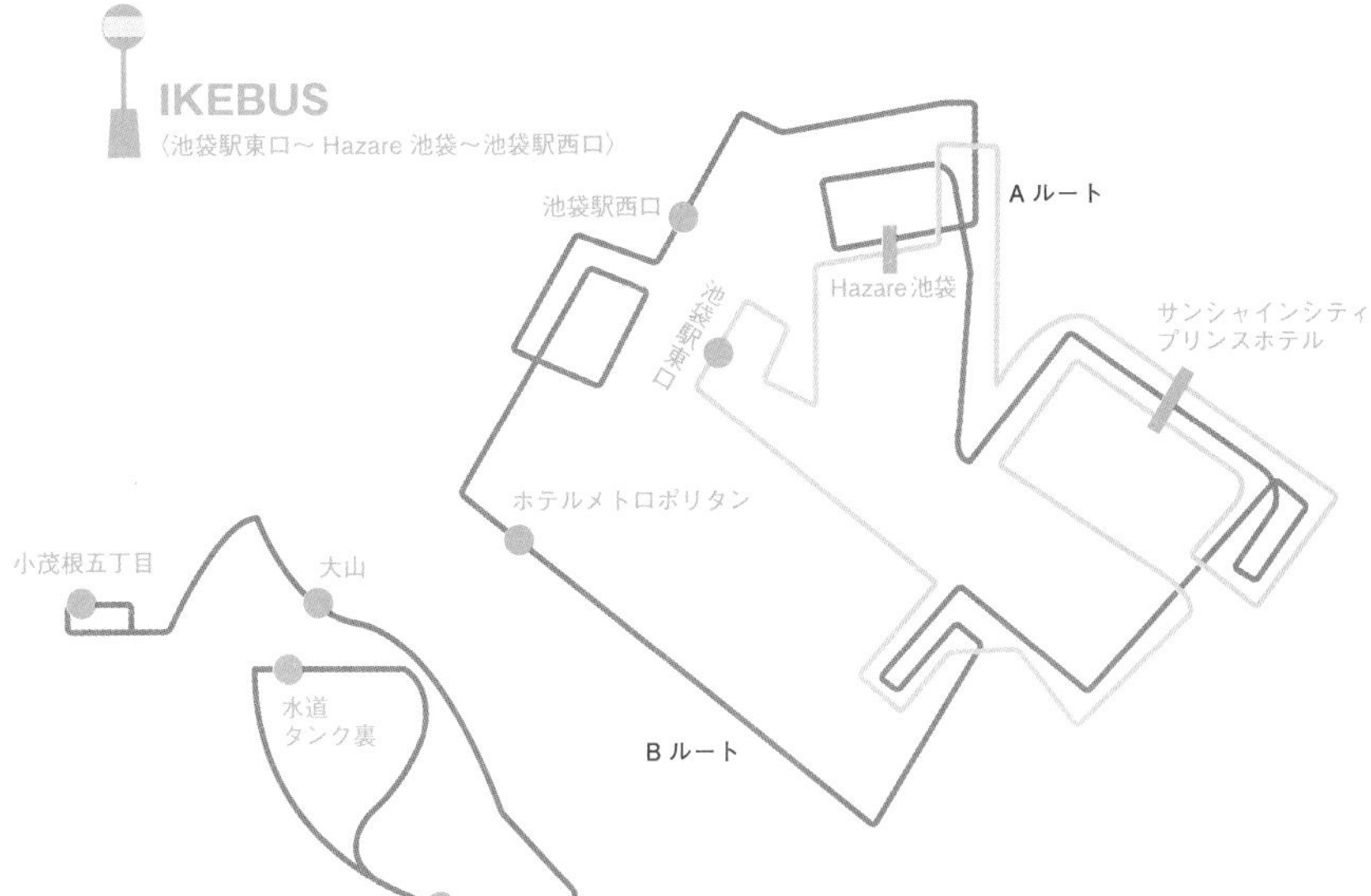

城北中央公園内の栗原遺跡。小茂根周辺は知る人ぞ知る遺跡地帯なのだ。

時に発見されたそうだが、茂呂の方はなんと中学生が最初に見つけたのだ。

「昭和26年3月29日に当時中学生であった瀧澤浩氏が、石神井川流域の独立丘陵『オセド山』を南北に貫く栗原新道の東側の切り通し断面ローム層中から、黒曜石製石器1点と礫群の露出を確認した――」

公園係員からもらった板橋区教育委員会発行の資料にあるが、まぁこの人は単なる通りがかりの中学生ではなく、考古学研究に通じた玄人はだしの中学生だったのだろう。この発見以来、少年たちの間で遺跡掘りがちょっとしたブームとなった……なんて話も聞く。

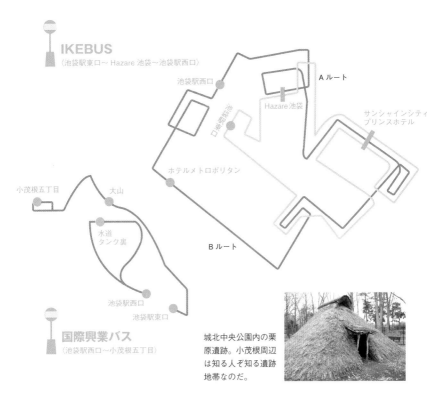

あとがき

昔はシリーズの2作目の本によく「続」という冠をつけたものです。僕の年代ですぐに思い浮かぶのは、エッセイストとしても鳴らした音楽家・團伊玖磨氏の『パイプのけむり』。これは『続パイプのけむり』『続々パイプのけむり』と続いて、さすがに「続々々」とはならず、『又パイプのけむり』『又々パイプのけむり』『まだパイプのけむり』『まだまだ〜』なんて感じで上の文句を変えて27巻（最後は『さよならパイプのけむり』）まで刊行されました。

東海林さだおさんのマンガやエッセーにも「続」「続々」と続シリーズがありましたが、まぁこの本の場合は、「のらりくらりバス遊覧」なんていう昭和コメディー調のタイトルから、森繁の社長シリーズ映画（『続・社長漫遊記』とか）のムードをイメージしたようなところもあります。

さて、ここに掲載された路線バスのコースはいわゆる首都圏の領域ですが、前巻では東京以外、神奈川、埼玉、千葉県までだったのが、今巻ではついに茨城県内（牛久・37話）へ足を延ばしました。さらに、関東の1都6県のワクを越えて、奥多摩の向こうの山梨県（丹波・43話）まで進出しています。

都バスと大手私鉄バスの他、前巻に引き続き積極的に乗ったのがコアなコースを巡るコミュニティーバス。多摩川ガス橋付近を走る「たまちゃんバス」、文京区の「B-ぐる」、北区の「Kバス」に「江戸バス」、「WEバス」、「せたがやくるりん」……本文中にはもっと出てきます。そう、池袋を巡回する電気仕掛けの異色コミュニティーバス「イケバス」にも乗車しました。

前巻でもふれましたが、文中に時折登場するスタッフ「T」のことについて補足を。「T音で始まる姓のものがふたりいるので、合体させてしまいました」と以前書きましたが、実はその後、T音姓の女性がひとり加わって、また、前にいたタナカ君というのがいなくなって、別のタナカ君が入ってきたので、いまも取材同行者に3名のTが存在しています。

というわけで、最後に、以下の取材、出版の関係者に謝辞を。東京新聞販売局・竹田浩之氏、ランドマークス・辻本亜也氏、田中敬邦氏（と、ここで3人のTの名は割れちゃいましたが）。書籍の編集では、東京新聞出版・社会事業部の山崎奈緒美氏、フリーエディターの阿部えり氏、デザイナーの中村健氏にお世話になりました。

この東京新聞（ほっとWeb）連載のシリーズ本、『続々』『また』と続けたいところですが、現在はちょっと趣向を変えて、「東京近郊気まぐれ電鉄」（電鉄とはいえバスも乗ってます）のタイトルで継続中です。そちらもご愛読のほどを。

2021年1月

泉　麻人

泉 麻人（いずみ・あさと）

1956年東京生まれ。慶応義塾大学商学部卒業後、編集者を経てコラムニストとして活動。東京に関する著作を多く著わす。近著に『東京 いつもの喫茶店』（平凡社）、『1964 前の東京オリンピックのころを回想してみた。』（三賢社）、『夏の迷い子』（中央公論新社）など。

なかむらるみ

1980年東京生まれ。武蔵野美術大学デザイン情報学科卒。著書に『おじさん図鑑』（小学館）、『おじさん追跡日記』（文藝春秋）がある。泉麻人さんとは『東京ふつうの喫茶店』（平凡社）などでタッグを組んだ。www.tsumamu.net

続 大東京 のらりくらりバス遊覧

2021年2月28日 第1刷発行

著　者　泉 麻人
絵　　　なかむらるみ
発行者　安藤篤人
発行所　東京新聞
〒100-8505
東京都千代田区内幸町2-1-4
中日新聞東京本社
電　話　［編集］03-6910-2521
　　　　［営業］03-6910-2527
FAX　03-3595-4831

装丁・本文デザイン　中村健（MO'BETTER DESIGN）
制作協力・撮影　株式会社ランドマークス
協力　株式会社交通新聞社
校正　あり工房
編集　阿部えり
印刷・製本　株式会社シナノ パブリッシング プレス

ISBN978-4-8083-1055-4　C0026

JASRAC出 2010380-001